Max Lucado

Du machst den Unterschied

Lebe ein Leben, das Spuren hinterlässt

Über den Autor

Max Lucado ist Pastor der *Oak Hills Church* in San Antonio, Texas. Er ist verheiratet, Vater von drei Töchtern und Autor mehrerer Bücher. Die Zeitschrift *Christianity Today* zählt ihn zu den bekanntesten christlichen Autoren Amerikas. Tatsächlich erreichten seine Bücher bisher eine Gesamtauflage von über 50 Millionen Exemplaren und gewannen einige Preise.

Seit 1991 ist Max Lucado auch im Hörfunk engagiert. Die Radiosendung „Upwords", in der er jede Woche mit aktuellen Kurzpredigten zu hören ist, kann man auf über 1.200 Radiostationen rund um die Welt empfangen.

MAX LUCADO

Du machst den Unterschied

Lebe ein Leben, das Spuren hinterlässt

Aus dem Englischen von Barbara Schuler

*Denalyn und ich möchten dieses Buch
meiner Schwester und meinem Schwager
Jacquelyn und Ken Wallace widmen.
Es mag warmherzigere Menschen geben –
aber nicht diesseits des Himmels.
Wir lieben euch.*

Inhalt

Auf der Suche nach Vater Benjamin

Eine Erzählung

Ungünstige Winde drängen das Schiff vom Kurs ab und dabei entdecken die Segler bislang unerforschte Inseln. Ein halbes Dutzend Berge erhebt sich aus den blauen Wassern der Südsee. Der Kapitän gibt Befehl, Anker zu werfen, und lässt sich an Land rudern. Er ist ein kräftiger Mann mit breiter Brust, Vollbart und großer Entdeckerlust.

Auf der ersten Insel begegnet ihm nichts als Traurigkeit. Unterernährte Kinder. Verfeindete Stämme. Keinerlei Landwirtschaft, keine medizinische Versorgung für die Kranken, keine Schulen. Nur einfache Menschen, die kaum das Nötigste zum Leben haben.

Auf der zweiten und den nachfolgenden Inseln bietet sich ihm das gleiche Bild. Dem Kapitän tut der Anblick in der Seele weh. „Das ist doch kein Leben!" Aber was soll er tun?

Dann betritt er die letzte und größte Insel. Die Menschen dort sind gesund und gut ernährt. Die Felder werden künstlich bewässert und die Dörfer sind durch Straßen miteinander verbunden. Die Kinder haben leuchtende Augen und sind kräftig. Der Kapitän bittet den Stammesältesten um eine Erklärung. Wie kommt es, dass diese Insel den anderen so weit voraus ist?

Der Stammesälteste, der von etwas kleinerer Statur ist als der Kapitän, diesem aber an Selbstbewusstsein in nichts nachsteht, antwortet ohne zu zögern: „Vater Benjamin. Er hat uns alles gelehrt, von der Landwirtschaft bis zur Gesundheitsaufklärung. Er hat Schulen und Krankenhäuser gebaut und Brunnen gebohrt."

Der Kapitän fragt: „Darf ich ihn kennenlernen?"

Der Stammesälteste nickt und bedeutet zwei Männern, ihn zu begleiten. Sie führen den Kapitän über einen bewaldeten Gebirgsrücken zu einem schlichten, großräumigen Krankenhaus. Dort gibt es saubere Betten und ausgebildetes Personal. Sie zeigen dem Kapitän die mit Medikamenten gefüllten Regale und stellen ihm die Mitarbeiter vor.

Der Kapitän ist zwar beeindruckt, doch von Vater Benjamin keine Spur. Er wiederholt seine Bitte: „Ich würde gerne Vater Benjamin kennenlernen. Können Sie mich zu seinem Wohnort bringen?"

Die drei Einheimischen sehen verwirrt aus. Sie beraten sich untereinander. Nach ein paar Minuten schlägt der Stammesälteste vor: „Folgen Sie uns zur anderen Seite der Insel." Sie gehen an der Küste entlang, bis sie zu einer Anlage von Fischteichen gelangen. Die Teiche sind über Kanäle mit dem Ozean verbunden. Mit steigender Flut werden die Fische in die Teiche gespült. Dann lassen die Insulaner Kanalwehre herunter und fangen so die Fische.

Wieder ist der Kapitän erstaunt. Er trifft Fischer und Arbeiter und Wehrwärter und Netzeauswerfer. Aber Vater Benjamin sieht er nicht. Er fragt sich, ob er sich vielleicht nicht verständlich genug ausgedrückt hat.

„Ich kann Vater Benjamin nirgends entdecken. Bitte bringt mich zu ihm."

Das Trio bespricht sich wieder. Nach einer kurzen Diskussion bietet der Stammesälteste an: „Lasst uns auf den Berg steigen." Sie führen den Kapitän einen steilen, schmalen Pfad hinauf. Nach vielen Biegungen führt der Pfad sie schließlich zu einer grasbedeckten Kapelle. Die Stimme des Ältesten ist sanft und feierlich. „Er hat uns von Gott erzählt." Er begleitet den Kapitän ins Innere und zeigt ihm den Altar, ein großes Holzkreuz, etliche Bankreihen und eine Bibel.

„Wohnt Vater Benjamin hier?", fragt der Kapitän.

Die Männer nicken und lächeln.

„Kann ich ihn sprechen?"

Die Gesichter werden plötzlich ernst. „Oh, das ist unmöglich."

„Warum?"

„Er ist schon vor vielen Jahren verstorben."

Der verblüffte Kapitän starrt die Männer an. „Ich bat darum, ihn zu sehen, und ihr habt mir ein Krankenhaus, eine Fischfangstation und eine Kapelle gezeigt. Von seinem Tod war nie die Rede."

„Sie haben nicht nach seinem Tod gefragt", erklärte der Stammesälteste. „Sie wollten sehen, wo er lebt. Und genau das haben wir Ihnen gezeigt."

Kapitel 1

Eine einmalige Gelegenheit

Als Sie wussten, wie man es nennt, steckten Sie schon bis über beide Ohren drin. Tapsend und brabbelnd, an Buntstiften kauend, mit Spielzeugautos spielend, glucksend und giggelnd hatten Sie die Windeln hinter sich gelassen und kamen in der Kindheit an.

Sie hatten festgestellt, dass Jungs keine Mädchen sind und Hunde keine Katzen und dass Spinat nicht an Pizza herankommt. Und dann, irgendwann zwischendurch, traf die Erkenntnis Sie mit voller Wucht. Vielleicht bei der Beerdigung Ihres Großvaters. Vielleicht, als Sie Ihrem Bruder nachwinkten, der von zu Hause auszog. Sie erkannten, dass es im Leben nicht nur um Eisessen, Hausaufgaben und Pickel geht.

Und in Ihrem Leben gibt es Sommer und fröhliche Lieder, aber auch graue Himmel und Tränen. Sie haben nicht darum gebeten, aber Sie haben eines. Einen ersten Tag. Einen letzten Tag. Und ein paar Tausend dazwischen. Sie haben ein waschechtes menschliches Leben bekommen.

Sie haben *Ihr* spezielles Leben bekommen. Niemand sonst hat Ihre Ausgabe. Sie werden niemals zufällig sich selbst auf der Straße treffen. Sie werden niemals jemandem begegnen, der genau dieselbe Mischung aus Vorfahren, Vorlieben und

Vorhaben hat. Ihr Leben wird niemals von jemand anderem gelebt werden. Sie sind kein Mantel auf einem Dachboden, der nach Ihrem Ableben weiterverwendet werden kann.

Und wer hat aufs Gaspedal gedrückt? Kaum ist ein Tag vorbei, voilà, da kommt schon der nächste. Die Vergangenheit ist vergangen und die guten alten Zeiten sind genau das: alte Zeiten, der Stoff für Erinnerungsalben, das, was man im Rückspiegel sieht. Das Leben rast vorbei, und wenn Sie und ich nicht aufpassen, werden wir uns eines Tages umsehen und feststellen, dass wir unsere Chance, das Leben zu gestalten, bereits verpasst haben.

Es gibt Menschen, die sich über so etwas nicht den Kopf zerbrechen. Sie schlittern durch ihren Alltag, ohne nach rechts oder links zu blicken. Sie leben und sie sterben, und sie fragen sich niemals, wozu.

Doch zu dieser Sorte Mensch gehören Sie nicht. Sonst hielten Sie kein Buch mit dem Titel „Du machst den Unterschied" in den Händen. Es reicht Ihnen nicht, Ihr Leben nur im Griff zu haben. Sie wollen mehr. Sie wollen, dass Ihr Leben Spuren hinterlässt. Sie wollen so leben, dass die Menschen einmal froh darüber sind, dass Sie so und nicht anders gelebt haben.

Doch wie sollen Sie das schaffen? Wie soll ich das schaffen? Kann Gott uns überhaupt gebrauchen?

Auf diese Frage habe ich 120 Antworten. 120 Einwohner im alten Israel. Sie waren die Gründungsmitglieder der Gemeinde in Jerusalem (nachzulesen in Apostelgeschichte 1,15). Ein paar waren Fischer. Andere Steuerbeamte. Ein ehemaliges Strichmädchen und ein oder zwei bekehrte Terroristen waren auch dabei. Sie hatten keine Beziehungen zum Kaiser, keine Freunde im Hohen Rat. Genau genommen hatten sie nichts weiter als das: den brennenden Wunsch, die Welt zu verändern.

Dank Lukas, der ihre Erlebnisse in der Apostelgeschichte festhielt, wissen wir, wie es ihnen ergangen ist. Und wir wollen uns diese Geschichte einmal anhören. Ganz richtig, wir wollen uns die Apostelgeschichte *anhören*. Sie knistert und sprüht nur so von dem sich immer weiter ausbreitenden Werk Gottes. Halten Sie sich das Buch doch mal ans Ohr, und lauschen Sie, wie Gott in die Ecken und Winkel dieser Welt vordringt.

Hören Sie, wie die Predigten von den Tempelmauern widerhallen. Das Spritzen des Taufwassers, das Lachen der Menschen, die gerade ein neues Leben angefangen haben. Hören Sie das Kratzen des Löffels in der Schüssel, wenn ein weiterer hungriger Magen gefüllt wird.

Hören Sie, wie sich Türen öffnen und Mauern einstürzen. Türen nach Antiochien, Äthiopien, Korinth und Rom. Türen zu Palästen, Kerkern und römischen Plätzen.

Und die Mauern. Das uralte Vorurteil der Juden gegenüber Samaritern – nieder damit! Die strikte Trennung zwischen Juden und Heiden – *krach*! Die trennenden Mauern, die Männer und Frauen voneinander fernhielten, Grundbesitzer von Bettlern, Herren von Sklaven, schwarze Afrikaner von Juden aus dem Mittelmeerraum – Gott riss sie alle ein.

Die Apostelgeschichte verkündet: „Gott ist unterwegs!"

Ist er das immer noch?, fragen wir uns. *Würde Gott mit uns das Gleiche vollbringen wie mit seinen ersten Nachfolgern?*

Weiß der Himmel, das hoffen wir. Wir leben in schlimmen Zeiten: 1,75 Milliarden Menschen sind bitterarm[1], 1 Milliarde hungert[2], Millionen werden in die Sklaverei verschleppt, pandemische Krankheiten haben ganze Nationen im Griff. Jedes Jahr werden fast zwei Millionen Kinder weltweit im organisierten Sex-Geschäft ausgebeutet.[3] Und in den fünf Minuten, die Sie gebraucht haben, um bis hierher zu lesen, sind fast 90 Kinder an Krankheiten gestorben, die man eigentlich vermeiden könnte.[4] Mehr als die Hälfte aller Afrikaner hat keinen Zugang zu moderner medizinischer Versorgung. In der Folge sterben jedes Jahr 10 Millionen von ihnen an Durchfall, Atemwegsinfektionen, Malaria und Masern. Viele dieser Todesfälle könnten mit einer Impfung vermieden werden.[5]

Doch mitten in diesem Scherbenhaufen stehen wir, die moderne Ausgabe der Jerusalemer Urgemeinde. Sie und ich mit unserer beispiellosen einzigartigen Gelegenheit, etwas zu unternehmen.

Christen waren noch nie so reich wie heute. Wir sind gescheit, gebildet und erfahren. Wir können in 24 Stunden einmal um die Erde reisen oder in einer Millisekunde eine Nachricht verschicken. Wir haben Spitzenforschung und -medizin direkt vor unserer Haustür. Wir haben Ressourcen in Hülle und Fülle. Schon 2 Prozent der weltweiten Getreideernte würden reichen, wenn man sie gerecht verteilte, um das Problem von Hunger und Unterernährung weltweit zu beseitigen.[6] Es gibt genügend Nahrung auf unserem Planeten, dass jeder Mensch täglich 2.500 Kalorien zum Leben haben könnte.[7] Wir haben ausreichend Nahrungsmittel, um die Hungernden zu sättigen.

Und wir haben genug Wohnraum, um die Waisen zu beherbergen. Die Rechnung geht wie folgt: Weltweit gibt es 145 Millionen Waisenkinder.[8] An die 236 Millionen Menschen bezeichnen sich in den USA als Christen.[9] Rein statistisch gesehen haben also allein die US-amerikanischen Christen die Mittel, um jedem Waisenkind auf der Welt ein Zuhause zu geben.

Natürlich ist nicht jeder dazu in der Lage. Viele Menschen sind alt, gebrechlich, arbeitslos oder fühlen sich einfach nicht dazu berufen, ein Kind zu adoptieren. Und doch: Was wäre, wenn ein kleiner Prozentsatz das täte? Ein Prozentsatz von, hmmm, sagen wir einmal, 6 Prozent. Damit könnten wir den über 14,1 Millionen afrikanischen Kindern südlich der Sahara, die durch die Aids-Epidemie ihre Eltern verloren haben, ein liebevolles Zuhause bieten.[10] Wie macht sich dieser Vorschlag unter all den zahlreichen anderen ehrenwerten Anliegen der Kirche? „Amerikanische Christen setzen sich für Aids-Waisen ein." Wäre das nicht eine begrüßenswerte Schlagzeile?

Ich möchte diese äußerst komplexen Sachverhalte keineswegs zu stark vereinfachen. Wir können nicht einfach nur mit den Fingern schnippen und erwarten, dass das Getreide plötzlich ungehindert über Grenzen hinwegfließt oder dass Regierungen Auslandsadoptionen erlauben. Bestimmungen und Gesetze bremsen die aufrichtigsten Bemühungen aus. Internationale Beziehungen sind gespannt. Korrupte Beamte bereichern sich auf Kosten anderer. Das weiß ich auch.

Doch so viel ist klar: Die Vorratskammern sind gefüllt. Die Vorräte sind nicht das Problem; das Problem liegt in der

Verteilung. Gott hat dieser Generation, *unserer Generation*, alles Nötige gegeben, um etwas gegen das Leid der Menschheit zu tun.

Vor einigen Jahren erschütterten drei Fragen meine kleine Welt. Sie wurden von verschiedenen Personen innerhalb eines Monats an mich herangetragen. Frage Nr. 1: Wenn Sie im Zweiten Weltkrieg in Deutschland gelebt hätten und Christ gewesen wären, hätten Sie Hitler dann Widerstand geleistet? Frage Nr. 2: Wenn Sie während des amerikanischen Menschenrechtskonflikts ein Südstaatler gewesen wären, hätten Sie sich dann gegen Rassismus zur Wehr gesetzt? Frage Nr. 3: Wenn Ihre Enkelkinder einmal feststellen, dass Sie zu einer Zeit gelebt haben, in der es 1,75 Milliarden Arme und 1 Milliarde Hungernde gab, was werden sie dann über Ihr Verhalten denken?

Die ersten beiden Fragen störten mich nicht weiter. Sie waren rein hypothetischer Natur. Ich würde gern annehmen, dass ich meine Stimme gegen Hitler und den Rassismus erhoben hätte. Doch diese Zeiten sind vorüber und diese Fragen stellten sich mir nicht. Aber die dritte Frage hat mir nachts den Schlaf geraubt. Ich lebe heute, genau wie Sie. Wir haben die Wahl ... die Möglichkeit, in schwierigen Zeiten viel zu bewegen. Was wäre, wenn wir das täten? Was wäre, wenn wir die Welt mit Hoffnung aus den Angeln heben würden? Alle Ecken und Winkel mit Gottes Liebe und Leben durchdringen würden? Was wäre, wenn wir dem Beispiel der Gemeinde in Jerusalem folgten? Diese winzige Sekte wuchs zu einer weltverändernden Macht heran. Wir trinken immer noch aus ihren

Brunnen und essen von ihren Bäumen des Glaubens. Was war ihr Geheimnis? Was können wir von ihrer Leidenschaft und ihren Prioritäten lernen?

Lassen Sie uns über ihre Lebensgeschichten nachdenken, die wir in den ersten zwölf Kapiteln der Apostelgeschichte finden. Lassen Sie uns jedes Ereignis durch das Brennglas des folgenden Gebets betrachten: *Tu es wieder, Jesus. Tu es wieder.* Denn schließlich hat Gott „etwas aus uns gemacht: Wir sind sein Werk, durch Jesus Christus neu geschaffen, um Gutes zu tun. Damit erfüllen wir nur, was Gott schon im Voraus für uns vorbereitet hat" (Epheser 2,10). Wir wurden von einem großen Gott erschaffen, um große Dinge zu tun. Er lädt uns ein, ein Leben zu führen, das über uns hinausweist.

Am Ende dieses Kapitels möchte ich einen Toast ausbringen, einen Toast auf ein langes Leben: Güte, die das Grab überdauert, Liebe, die den letzten Atemzug überlebt. Mögen Sie so leben, dass der Tod lediglich der Anfang Ihres Lebens ist.

„Nachdem David den Menschen seiner Zeit so gedient hatte, wie Gott es wollte, starb er und wurde bei seinen Vorfahren be-graben" (Apostelgeschichte 13,36; NGÜ).

Oh, Herr, was für eine erstaunliche Gelegenheit hast du mir vor die Füße gelegt – die Chance, in einer Welt, in der so vieles aus dem Gleichgewicht geraten ist, für dich etwas zum Guten zu verändern. Hilf mir, die Nöte zu sehen, die ich nach deinem Willen sehen soll, so darauf zu reagieren, dass du dadurch geehrt wirst, und für andere zum Segen zu werden, indem ich ihnen fröhlich diene und deine Liebe ganz praktisch zum Ausdruck bringe. Hilf mir, Jesu Hände und Füße zu sein, und gib mir durch deinen Geist die Kraft und die Weisheit, die ich brauche, um deinen Plan für mich in meiner eigenen Generation zu erfüllen. Amen.

Kapitel 2

Ganz gewöhnliche Menschen sind gefragt

„Ihr werdet meine Zeugen sein in Jerusalem
und in ganz Judäa und Samarien und bis
an das Ende der Erde" (Apostelgeschichte 1,8; LÜ).

Sie machen nicht gerade viel her. Für überqualifiziert hat man sie nie gehalten. Ungeschickt, ja. Sturköpfig und vergesslich, ganz sicher. Aber Botschafter? Avantgarde? Boten der Hoffnung?

Wohl kaum.

Der Große da in der Ecke, das ist Petrus. Sein Akzent ist aufgrund seiner galiläischen Herkunft hart. Seine Hände sind hart von den Fischernetzen. Sein Schädel ist hart vor Sturheit. Sein bisher größter Fang im Leben hatte Kiemen und Flossen. Seltsam. Der Typ, der dazu auserkoren ist, das nächste große Werk Gottes zu leiten, versteht mehr von Dorschen und Docks als von römischer Kultur oder ägyptischen Machthabern.

Und erst seine Kumpel: Andreas, Jakobus, Nathanael. Waren nie weiter als einen einwöchigen Fußmarsch von zu Hause weg. Haben sich nie mit asiatischer Lebensweise oder griechischer Kultur befasst. Ihre Pässe sind nicht zerfleddert, ihre Manieren nicht geschliffen. Haben sie überhaupt irgendeine Ausbildung?

Ja, was haben sie denn dann? Demut? Sie rangelten sich um Ministerposten. Ein rechtgläubiges Schriftverständnis? Petrus forderte Jesus auf, die Sache mit dem Kreuz zu vergessen. Einfühlungsvermögen? Johannes wollte die Heiden abfackeln. Loyalität? Als Jesus ihre Gebete gebraucht hätte, machten sie ein Nickerchen. Als Jesus verhaftet wurde, rannten sie davon. Dank ihrer Feigheit hatte Christus bei seiner Hinrichtung mehr Feinde als Freunde um sich.

Doch sehen Sie nur, wie sie sechs Wochen später aufgeregt in einem gerammelt vollen Dachgeschoss eines Jerusalemer Hauses sitzen, als hätten sie soeben Tickets für das Endspiel der Fußballweltmeisterschaft gewonnen. Sie umarmen sich und schauen sich mit weit aufgerissenen Augen an. Fragen sich, was Jesus wohl mit seinem letzten Auftrag „Ihr werdet meine Zeugen sein in Jerusalem und in ganz Judäa und Samarien und bis an das Ende der Erde" gemeint haben mag (Apostelgeschichte 1,8; LÜ).

Ihr Hinterwäldler werdet meine Zeugen sein.

Ihr ungebildeten und einfachen Leute werdet meine Zeugen sein.

Ihr, die ihr mich früher einmal für verrückt gehalten habt, die ihr mich im Boot angeschrien und meine Worte am letzten Abend angezweifelt habt.

Ihr launischen, engstirnigen Netzeauswerfer und Steuereintreiber.

Ihr werdet meine Zeugen sein.

Ihr werdet die Speerspitze einer Bewegung sein, die wie ein frisch geöffneter Feuerhydrant von Jerusalem aus explodiert und sich bis an die Enden der Erde ergießt, in die Straßen von Paris, die Stadtviertel von Rom, die Häfen von Athen, Istanbul, Schanghai und Buenos Aires. Ihr werdet Teil von etwas so Gewaltigem, Kontroversem, Auffälligem und Atemberaubendem sein, dass in zwei Jahrtausenden ein rothaariger Schriftsteller mittleren Alters, der in einem Flieger von Boston nach Dallas am Notausstieg sitzt, die folgende Frage in seinen Laptop tippt:

Tut Jesus das immer noch?

Gebraucht er immer noch einfache Leute wie uns, um die Welt zu verändern? Wir sind so unsagbar gewöhnlich. Der Herr zu meiner Rechten schnarcht mit offenem Mund. Die Frau mittleren Alters neben ihm trägt Kopfhörer und ihr Kopf wackelt im Rhythmus der Musik von rechts nach links. (Ich meine, Frank Sinatra zu hören.) Sie haben weder Heiligenscheine noch Flügel. Und abgesehen von der glänzenden kahlen Stelle auf dem Kopf des Mannes verströmen sie auch keinerlei Licht.

Das tun die wenigsten unter uns. Wir sind Otto Normalverbraucher und Lieschen Müller. Gewöhnliche Leute. Wir sitzen auf den billigen Plätzen, essen bei McDonald's, wechseln Windeln und tragen T-Shirts mit dem Emblem unserer Lieblingsmannschaft. Wenn wir vorbeigehen, winken uns keine Fans zu. Wenn wir nach Hause kommen, hasten keine Bediensteten herbei. Kein Chauffeur fährt unser Auto, kein Butler öffnet uns die Tür oder lässt uns das Badewasser ein. Kein Pförtner begrüßt uns und kein Leibwächter beschützt uns. Wir sind, wie die Jünger aus Jerusalem, ganz normale Leute.

Gebraucht Gott Otto Normalverbraucher?

Edith würde sagen, ja.

Edith Hayes war eine rüstige Achtzigjährige mit dünnem, weißem Haar, einer energischen Statur von 1,52 Metern und einem nie versiegenden Mitgefühl für die Krebskranken in Südflorida. Ich kam 1979 gerade frisch von der Hochschule und saß in einem Büro voller unausgepackter Bücher, als sie hereinspazierte und sich vorstellte. „Ich heiße Edith und ich helfe Krebskranken." Sie reichte mir die Hand. Ich bot ihr einen Stuhl an, aber sie lehnte höflich ab. „Ich habe zu viel zu tun. Sie werden mein Team hier jeden Dienstagvormittag im Gemeindehaus sehen. Sie können gerne dazustoßen, aber wenn Sie das tun, müssen Sie damit rechnen, dass Sie auch eine Aufgabe kriegen."

Zu ihrem Team gehörten etwa einhundert weißhaarige Frauen, die sich der wenig glamourösen Aufgabe widmeten, offene Wunden zu versorgen. Krebswunden waren ihre Mission; jeden Dienstag nähten sie ganze Lastwagenladungen von Einwegkompressen zusammen, die sie dann im Laufe der Woche an Patienten verteilten.

Edith wohnte in einem kleinen Apartment, lebte von ihrer Witwenrente, trug eine Brille, die ihre Augen riesig wirken ließ, und scheute Applaus wie der Teufel das Weihwasser. Sie hätte gut zu ganz gewöhnlichen Menschen wie Petrus und den anderen Jüngern gepasst.

So wie Joe und Liz Page. Bei ihrem Engagement geht es um eine andere Notlage – sie kümmern sich um Bekleidung für Frühchen und verwandeln einen Gruppenraum in unserem Gemeindehaus in eine Fabrik für ehrenamtliche Näherinnen. Es war mir nie in den Sinn gekommen, dass es einen Bedarf für Babygarnituren in Puppengröße gibt. Aber meine Kinder sind auch nicht mit einem Gewicht von 1½ Kilo zur Welt gekommen. Joe und Liz sorgen dafür, dass solche Kinder etwas zum Anziehen haben, selbst wenn sie es auf ihrer eigenen Beerdigung tragen.

Joe war früher im Militärdienst und ist heute pensioniert. Liz war Lehrerin. Er hat Herzprobleme. Sie hat verkrümmte Füße. Doch das Herz der beiden brennt für die bedürftigsten aller Kinder.

So wie das des neun Jahre alten Caleb. Er spielt Basketball, hat nichts für Mädchen übrig und möchte, dass die Kinder von El Salvador sauberes Trinkwasser haben. Sein Sonntagschullehrer hatte ihm und den anderen Kindern eines Sonntags erklärt, wie das Leben der Menschen im von Armut gezeichneten Mittelamerika aussieht. Jeden Tag sterben Kinder aus Mangel an sauberem Trinkwasser an Krankheiten, die man eigentlich vermeiden könnte. Die Vorstellung erschütterte Caleb und er schritt zur Tat. Er nahm die 20 Dollar, die er für ein neues Videospiel gespart hatte, spendete sie für diesen Zweck und bat seinen Vater, denselben Betrag zu spenden. Dann forderte er alle Mitarbeiter der Sonntagschularbeit in seiner Gemeinde auf, seinem Beispiel zu folgen. Das Ergebnis? Genug Geld, um in El Salvador zwei Brunnen zu graben.

Edith, Joe, Liz und Caleb sind ganz gewöhnliche Menschen. Sie schweben nicht beim Gehen, und sie sehen auch keine Engel, wenn sie beten. Sie haben keinen Sitz bei den Vereinten Nationen oder eine Lösung für das Leiden in Darfur. Aber von einem sind sie überzeugt: Gott beruft nicht die Qualifizierten. Er qualifiziert die Berufenen.

Lassen Sie sich von Satan nichts anderes einreden. Das wird er nämlich versuchen. Er wird Ihnen vormachen, dass bei Gott ein Mindest-IQ oder ein Startgeld gefragt sind. Dass er nur Spezialisten, Experten, Regierungen und hochrangige, mächtige Persönlichkeiten einstellt. Wenn Satan Ihnen solche Lügen einflüstern will, halten Sie ihm die folgende Wahrheit entgegen: Gott verbreitete seine Botschaft im 1. Jahrhundert mit Klappergäulen und nicht mit Vollblütern. Ehe Jesus kam, beluden die Jünger Lkws, betätigten sich als Fußballtrainer und verkauften Softdrinks im Kiosk an der Ecke. Sie trugen Blaumänner, und ihre Hände waren voller Schwielen, und es gibt keinerlei Hinweise darauf, dass Jesus sie auswählte, weil sie gescheiter oder netter gewesen wären als der Typ von nebenan. Das Einzige, das für sie sprach, war ihre Bereitschaft, aktiv zu werden, als Jesus sagte: „Folge mir."

Sind Sie eher ein Tretboot als ein Kreuzfahrtschiff? Eher Double als Filmstar? Eher Klempner als Direktor? Haben Sie eher blaue Jeans als blaues Blut? Herzlichen Glückwunsch. Gott verändert die Welt mit Leuten wie Ihnen.

22 Menschen reisten eines Morgens im Herbst 2009 nach London, um Nicholas Winton zu danken. Man hätte sie für die Reisegruppe eines Seniorenheims halten können. Alle wa-

ren zwischen 70 und 80 Jahre alt. Eher schlurfende Schritte als beschwingte. Mehr Grau im Haar als die ursprüngliche Haarfarbe.

Aber das Ganze war keine Kaffeefahrt. Es war eine Dankesreise. Sie wollten dem Mann danken, der ihnen das Leben gerettet hatte: ein vom Alter gebeugter Hundertjähriger, der sie wie damals im Jahr 1939 auf dem Bahnsteig erwartete.

Nicholas Winton war damals 29 und Börsenmakler. Hitlers Armeen hatten die Tschechoslowakei überfallen, rissen jüdische Familien auseinander und verschleppten die Eltern in Konzentrationslager. Um die Kinder kümmerte sich niemand.

Der Brite erfuhr von ihrer Not und beschloss, ihnen zu helfen. Er nutzte seinen Urlaub, um sich in Prag mit Eltern zu treffen. Diese waren tatsächlich bereit, die Zukunft ihrer Kinder in seine Hände zu legen. Er kehrte nach England zurück, ging tagsüber seiner normalen Arbeit an der Börse nach und setzte sich abends für die Kinder ein. Er überzeugte die britischen Behörden, ihnen die Einreise zu gewähren. Er fand Pflegefamilien für sie und sammelte Gelder. Für den 14. März 1939 plante er den ersten Transport und führte innerhalb der nächsten fünf Monate sieben weitere durch. Die letzte Zugladung mit Kindern erreichte England am 2. August dieses Jahres. Damit stieg die Zahl der geretteten Kinder auf insgesamt 669.

Der größte Transport sollte am 1. September stattfinden, aber Hitler fiel an diesem Tag in Polen ein und verriegelte überall in Europa die Grenzen. Die 250 Kinder in diesem Zug wurden nie wieder gesehen.

Nach dem Krieg behielt Winton seine Rettungsbemühungen für sich. Noch nicht einmal seiner Frau erzählte er davon. 1988 fand sie dann auf dem Dachboden ein Notizbuch, in dem Fotos von den Kindern lagen und eine vollständige Namensliste verzeichnet war. Sie drängte ihren Mann, die Geschichte zu erzählen. Seit er ihrer Bitte gefolgt ist, sind einige der Geretteten zurückgekehrt, um sich bei ihm zu bedanken. Darunter ein Filmregisseur, ein kanadischer Journalist, ein Nachrichtenkorrespondent, ein ehemaliger Minister im britischen Kabinett, der Herausgeber einer Zeitschrift und einer der Begründer der israelischen Luftwaffe. Etwa 7.000 Kinder, Enkel und Urenkel verdanken ihre Existenz dem Mut des 29-jährigen Börsenmaklers. Er trägt heute einen Ring, den ihm einige der geretteten Kinder überreicht haben. Darauf steht ein Zitat aus dem Talmud, dem jüdischen Gesetzbuch: „Wer auch nur ein einziges Leben rettet, rettet die ganze Welt.“[11]

Und noch ein Hoch auf den ganz gewöhnlichen Menschen.

„Schaut euch selbst an, liebe Brüder und Schwestern! Sind unter euch, die Gott berufen hat, wirklich viele, die man als gebildet und einflussreich bezeichnen könnte oder die aus einer vornehmen Familie stammen? Nein, denn Gott hat sich die aus menschlicher Sicht Törichten ausgesucht, um so die Klugen zu beschämen. Gott nahm sich der Schwachen dieser Welt an, um die Starken zu demütigen" (1. Korinther 1,26–27).

Lieber Vater, du hast mich geschaffen, also weißt du nur zu gut, dass ich bloß Staub bin. Und doch hast du mich eingeladen, in deiner neuen Welt zu leben, um dir an einem bestimmten Ort zu einer bestimmten Zeit zu einem ganz bestimmten Zweck zu dienen. Trotz meiner Gewöhnlichkeit gehöre ich zu dir – und du bist alles andere als gewöhnlich! Hilf mir, anderen von deiner Gnade und deinem Mitgefühl zu erzählen, damit auch sie deine überfließende Liebe erfahren. Zeige anderen durch mich, Vater, wie du durch ein ganz gewöhnliches Leben diese Welt außergewöhnlich segnen kannst. Amen.

Kapitel 3

Lassen Sie Gott Ihren Panzer aufbrechen

„Und wir alle hören sie in unseren eigenen
Sprachen von den wunderbaren Dingen reden,
die Gott getan hat!" (Apostelgeschichte 2,11; NGÜ).

Darf ich Ihnen meinen neuen Schalenpanzer vorführen? Er wurde gerade erst geliefert. Mein alter war mit der Zeit dünn geworden. Sie wissen ja, wie die sich abnutzen. Hauchdünn werden sie wie die Wände in einem billigen Motel. Meiner war so verbraucht, dass ich stellenweise schon hindurchgucken konnte. Und was den Schallschutz anbetrifft – selbst das Wimmern eines Babys konnte er nicht mehr abhalten.

Darum habe ich mir dieses neue Model zugelegt. Spezialanfertigung. Maßgeschneidert. Das Beste vom Besten. Ich kann darin stehen. Und sitzen. Sogar schlafen, wenn ich will. Nur zu, werfen Sie ruhig mal einen Blick hinein. Sehen Sie die herunterklappbare Ablage links? Das ist ein Getränkehalter! Und erst die Kopfhörer. Dabei ist der Panzer selbst schon außerordentlich gut isoliert. Doch jetzt kann ich die Musik voll aufdrehen und die Welt ausblenden. Ich muss nur einsteigen, die Abdeckung von innen am Griff packen und zuziehen.

Besser als eine Waffenrüstung, dick wie ein Kampfpanzer. So eine Art Bunker für die Seele. Hier drinnen gibt es keinen Hunger und keine Waisen. Und Armut? Dieser Schalenpanzer wird serienmäßig mit einem Elendssichtschutz ausgekleidet. Rassismus? Ungerechtigkeit? Sie perlen von meinem Panzer ab wie Regen von einem Schildkrötenkörper.

Glauben Sie mir, dieses schnuckelige Ding ist wirklich gut. Heute Morgen wollte ich mir zum Beispiel einen Kaffee und eine Zeitung kaufen. Ich stand an der Schlange vor der Kasse und kümmerte mich nur um meine eigenen Angelegenheiten, als mir auffiel, dass der Mann vor mir mit Lebensmittelgutscheinen bezahlte. Er trug eine Baseballkappe, eine schlabbrige khakifarbene Cargohose und Flipflops, und dann hingen auch noch drei Kinder an seinen Beinen. Ich stand dicht genug hinter ihm, um an seinem starken Akzent zu erkennen, dass er Ausländer war. Normalerweise bin ich gut darin, ein süffisantes Grinsen aufzusetzen und diese Leute so schnell in eine Schublade zu stecken, wie man „Das sind doch bloß Schmarotzer" sagen kann. Doch diese Familie war drauf und dran, mir nahezugehen. Die kleinen Mädchen mit ihrer Vollmilchschokoladenhaut und den mandelförmigen Augen waren erdbeersüß. Eines von ihnen warf mir ein Lächeln zu. Ehe ich mich versah, lächelte ich zurück.

Ungefähr zeitgleich schüttelte die Kassiererin den Kopf und gab dem Mann die Lebensmittelgutscheine zurück. Offensichtlich deckte ihr Wert den Einkauf nicht ab. Der Vater blickte sie verwirrt an. In dem Moment wurde mir schlagartig klar: *Ich kann ihm aushelfen.* Unversehens wurde dadurch eine

Duftwolke von Freundlichkeit im Laden freigesetzt. Mein Körper reagierte prompt. In meinem Hals bildete sich ein Kloß. Flüssigkeit sammelte sich in meinen Augenwinkeln. In meiner Brust breitete sich ein ganz bestimmtes Gefühl aus: *gelantina kardia*, besser bekannt als „weiches Herz".

Schon stellten sich die unvermeidlichen Reflexe ein. Meine linke Hand hob sich, um Hilfsbereitschaft zu signalisieren. Die andere wühlte in meiner Tasche nach Geld. Das war der Moment, in dem ich zur Besinnung kam und erkannte, was da vor sich ging. Ich war einem Angriff von Mitgefühl ausgesetzt. Augenblicklich hob ich den Deckel meines Schalenpanzers und stieg ein. Ich bemerkte, dass andere Einkäufer bereits in Deckung gegangen waren. Ich entkam nur um Haaresbreite. Was hätten wir nur ohne unsere Panzer getan?

Ich weiß nicht, was ich ohne meinen machen würde. Wenn Nachrichtenberichte von afghanischen Flüchtlingen im Fernsehen laufen – bloß in Deckung gehen! Wenn ein Obdachloser mit einem Pappschild auftaucht – schnell den Deckel zu. Wenn Missionare davon erzählen, dass es unzählige Menschen gibt, die ohne Gott einsam und verloren sind – nichts wie einsteigen. Erst vergangene Woche erzählte mir jemand von Gegenden auf der Welt, wo es kein sauberes Wasser gibt. Wer weiß, was ich ohne meinen Schalenpanzerschutz getan hätte! Am Ende hätte ich noch einen Scheck ausgestellt!

Diese Abschirmung funktioniert bemerkenswert gut. Sie haben vermutlich auch eine. Die meisten von uns haben gelernt, sich gegen den Schmerz des Schmerzes zu schützen. Oder etwa nicht? *Mussten wir das nicht?* Was können wir denn schon gegen die Hungersnot am Horn von Afrika tun, die Misere der Arbeitslosen oder eine Malariapandemie?

Schalenpanzer. Wir legen sie uns ohne böse Absicht zu. Wir haben gar nicht vor, uns aus der Welt zurückzuziehen oder den Kopf in den Sand zu stecken. Wir möchten helfen. Doch die Probleme sind riesig („Sagten Sie eine Milliarde Arme?"), komplex („Wann ist Hilfe eher schädlich als nützlich?") und erdrückend („Ich habe doch selbst genug Probleme.").

Es stimmt. Wir haben selbst auch Sorgen. Haben kriselnde Ehen, schwindende Ambitionen, schrumpfende Bankkonten und sture Herzen. Wie können wir die Welt verändern, wenn wir noch nicht einmal etwas an unseren schlechten Gewohnheiten ändern können? Wir haben nicht das Zeug, um diese Probleme zu lösen. Also steigen wir besser in unseren Panzer und machen dicht, richtig?

Von dieser Strategie hätten Sie die Gemeinde in Jerusalem schwerlich überzeugen können. Nicht, nachdem Gott sie an Pfingsten aus der Reserve gelockt hatte.

Zu Pfingsten herrschte in Jerusalem Hochbetrieb. Dies war einer der drei Festtage, zu denen man als jüdischer Mann wenigstens einmal im Leben nach Jerusalem kommen sollte. Sie reisten aus Europa, Asien und Afrika an. Die Einwohnerzahl antiker Städte lässt sich nur schwer bestimmen, doch es gibt Schätzungen, nach denen Jerusalem in dieser Zeit von 100.000 auf eine Million Einwohner anschwoll.[12] Durch die engen Gassen der Stadt ergoss sich ein Strom von Menschen aller Hautschattierungen, vom äthiopischen Schwarz wie Ebenholz bis hin zum römischen Oliv. Ein Dutzend Dialekte hallte von den Steinmauern wider und der Tempelschatz quoll über von Münzen und Währungen aller Art.

Und dann waren da noch die Einheimischen – der Schlachter und sein Fleisch. Der Wollkämmer und sein Webstuhl. Der Schuhmacher, der Sandalen hämmerte. Der Schneider, der die Nadel schwang. Weiß gewandete Priester und unansehnliche Bettler. Die ganze Bandbreite menschlichen Lebens eingezwängt in die 120 Hektar große Stadt Davids.[13]

Und irgendwo da drin hatten sich die Nachfolger Jesu zum Gebet versammelt. „Zum Beginn des jüdischen Pfingstfestes waren alle Jünger wieder beieinander" (Apostelgeschichte 2,1). Hier wird die Gemeinde zum ersten Mal erwähnt. Sehen Sie nur, wo Gott seine Leute hingestellt hat. Nicht abgeschieden in eine Wüste oder abgeschirmt in einen Bunker. Nicht von der Gesellschaft abgesondert, sondern mittendrin, im Herzen einer der größten damaligen Städte zu ihrer betriebsamsten Zeit. Und dann, sobald er sie erst einmal da hatte, wo er sie brauchte …

Plötzlich kam vom Himmel her ein Brausen wie von einem gewaltigen Sturm und erfüllte das ganze Haus, in dem sie sich versammelt hatten. Zugleich sahen sie etwas wie züngelndes Feuer, das sich auf jedem Einzelnen von ihnen niederließ. So wurden sie alle mit dem Heiligen Geist erfüllt und redeten in fremden Sprachen, jeder so, wie der Geist es ihm eingab (Apostelgeschichte 2,2–4).

Der Heilige Geist kam „plötzlich" über sie – nicht vorhersehbar oder erwartungsgemäß oder wie gewöhnlich, sondern plötzlich. Willkommen in der Welt der Apostelgeschichte und des „plötzlich" vorbeischauenden Geistes Gottes, der souverän und frei und niemals an Zeiten oder Methoden gebunden ist. Er stellt seine eigene Agenda auf, bestimmt seine eigenen Termine und hält sich an seine eigenen Zeiten.

Fürs Erste Feuer und Wind. Später Hausbeben. Auf die Samariter kam er nach der Wassertaufe. Auf die Heiden fiel er vor der Wassertaufe. Und hier donnerte er wie ein Tornado durch Jerusalem. Wie ein gewaltiger Sturm erfüllte er das ganze Haus und drang bis hinaus auf die Straßen. Das Pfeifen, Sausen, Wehen eines Winds. Der Heilige Geist kam zuerst als Wind, dann als einzelne Flammenzungen, die sich „auf jeden Einzelnen von ihnen niederließ[en]" (Vers 3). Es handelte sich also nicht um eine Fackel über dem gesamten Raum, sondern um einzelne Flammen, die über jeder Person schwebten.

Und dann geschah das Allerunerwartetste:

So wurden sie alle mit dem Heiligen Geist erfüllt und redeten in fremden Sprachen, jeder so, wie der Geist es ihm eingab. Zum Fest waren viele fromme Juden aus aller Welt nach Jerusalem gekommen. Als sie das Brausen hörten, liefen sie von allen Seiten herbei. Fassungslos hörte jeder die Jünger in seiner eigenen Sprache reden. „Wie ist das möglich?", riefen sie außer sich. „Alle diese Leute sind doch aus Galiläa, und nun hören wir sie in unserer Muttersprache reden; ganz gleich, ob wir Parther, Meder oder Elamiter sind. Andere von uns kommen aus Mesopotamien, Judäa, Kappadozien, Pontus und der Provinz Asia, aus Phrygien, Pamphylien und aus Ägypten, aus der Gegend von Kyrene in Libyen und selbst aus Rom. Wir sind Juden oder Anhänger des jüdischen Glaubens, Kreter und Araber. Doch jeder von uns hört diese Männer in seiner eigenen Sprache von Gottes großen Taten reden!" Bestürzt und ratlos fragte einer den anderen: „Was soll das bedeuten?" (Apostelgeschichte 2,4–12).*

Malen Sie sich ein derartiges Szenario einmal aus. Stellen Sie sich eine Weltstadt wie New York vor. Auf der Fifth Avenue drängen sich Geschäftsleute, Arbeiter und Touristen aus aller Welt. Eines frühen Morgens, als sich die Massen zur Arbeit schieben, schreckt das Heulen eines Sturms die Menschen auf. Es dröhnt so stark und gewaltig, dass die Leute wie angewurzelt stehen bleiben, als würden sie einen Zug die Straße hinunterdonnern sehen. Taxi- und Busfahrer bremsen abrupt. Stille senkt sich auf die Stadt, die nur von den Stimmen einer Menschengruppe im Central Park unterbrochen wird. 120 Menschen sprechen, jeder von ihnen steht unter einer anderen Flamme, jeder von ihnen verkündet die Güte Gottes in einer anderen Sprache. Die Zuhörer hören ihre Muttersprache. José aus Spanien hört von Gottes Gnade auf Spanisch. Mako aus Japan hört eine Botschaft auf Japanisch. Die Reisegruppe von den Philippinen versteht Tagalog. Sie hören verschiedene Sprachen, aber eine Botschaft: die wunderbaren Taten Gottes.

Was hätte ich darum gegeben, diesen Moment in Jerusalem mitzuerleben! Andreas zu hören, wie er Gottes Gnade auf

Ägyptisch beschreibt. Thomas, wie er Gottes Liebe den Römern erklärt. Bartholomäus, wie er Psalm 23 für die Kreter rezitiert. Johannes, wie er den Kappadokiern von der Auferstehung erzählt.

Einige Zuhörer sind zynisch und beschuldigen die Jünger, bereits am frühen Morgen betrunken zu sein. Doch andere fragen staunend: „Was soll das bedeuten?" (Vers 12).

Gute Frage. Eine überfüllte Stadt. Betende Nachfolger. Brausender Wind und herabfallendes Feuer. 15 Nationen vertreten in einer Versammlung. Jünger, die wie professionelle Übersetzer bei den Vereinten Nationen sprechen. Was hat das zu bedeuten?

Zumindest so viel: Gott liebt die Völker. Er liebt Iraker. Somalier. Israelis. Neuseeländer und Honduraner. Er hat das weiß glühende Verlangen, seine Kinder aus jedem Dschungel, jedem Viertel, jedem Dorf und jedem Slum zu sammeln. „*Die ganze Erde* wird die Herrlichkeit des Herrn erkennen" (Habakuk 2,14; 4. Mose 14,21; NL; Hervorhebung des Autors). Zur Zeit Josuas brachte Gott sein Volk nach Kanaan, „um *allen Völkern der Welt* seine Macht zu zeigen" (Josua 4,24; Hervorhebung des Autors). David forderte uns auf: „Singt dem Herrn ein neues Lied, singt dem Herrn, *alle Bewohner der Erde!* ... Erzählt den Völkern von seiner Hoheit! Macht den Menschen alle seine Wunder bekannt!" (Psalm 96,1.3; Hervorhebung des Autors). Gott hat durch Jesaja zu uns gesprochen: „[Ich] habe dich zum Licht *für alle Völker* gemacht, damit du *der ganzen Welt* die Rettung bringst, die von mir kommt!" (Jesaja 49,6; Hervorhebung des Autors). Er möchte, dass am Ende der

Zeiten „Menschen *aller* Stämme und Sprachen, aus *allen* Völkern und Nationen" (Offenbarung 5,9; Hervorhebung des Autors) zu ihm gehören.

Gott möchte seine Größe und Güte in allen 6.909 Sprachen verkünden, die es heute auf der Welt gibt.[14] Er liebt Subkulturen: die Roma in der Türkei, die kalifornischen Hippies, die Cowboys und Hinterwäldler aus Westtexas. Er hat ein Herz für Biker und Wanderer, Ökofreaks und Akademiker. Alleinerziehende Mütter. Geschäftsführer in grauen Anzügen. Er liebt alle Volksgruppen und schenkt uns alles, was wir brauchen, um seine Stimme zu sein. Er bevollmächtigt gewöhnliche Galiläer, Leute aus Nebraska, Brasilianer und Koreaner, die Sprachen der Völker dieser Welt zu sprechen. Er lehrt uns die Mundart ferner Eilande, die Ausdrucksweise des verdrossenen Nachbarn, die Umgangssprache des einsamen Herzens und den Jargon des Schülers. Gott gibt seinen Nachfolgern alles mit, was sie brauchen, um kulturelle Grenzen zu überwinden und Herzen anzurühren.

Das, was am allererersten Pfingsten geschah, birgt eine Verheißung: Wenn Sie zu Jesus Christus gehören, wird Gottes Geist durch Sie sprechen.

Lassen Sie Gott Ihren Schalenpanzer aufbrechen. Schauen Sie, welche Gaben er in Sie hineingelegt hat. Und dann verpassen Sie nicht die Gelegenheit, Ihre Sprache zu entdecken.

Mit wem fällt Ihnen das Reden am leichtesten? Mit Teenagern? Drogenabhängigen? Älteren Menschen? Vielleicht haben Sie in der Gegenwart von Kindern einen Knoten in der Zunge, aber unter Geschäftsführern sind Sie äußerst wortgewandt. So hat

Gott Sie geschaffen. „Gott hat jedem von uns unterschiedliche Gaben geschenkt" (Römer 12,6).

Für wen empfinden Sie das größte Mitgefühl? Gott legt uns nicht allen das Gleiche aufs Herz.[15] „Der Herr schaut vom Himmel und sieht alle Menschenkinder. ... *Er lenkt ihnen allen das Herz*" (Psalm 33,13.15; LÜ; Hervorhebung des Autors). Was bricht Ihnen das Herz und lässt Ihren Puls rasen? Wenn Sie Obdachlose sehen? Wenn Sie in die Innenstädte von Großstädten fahren? Wenn Sie die Opfer des Sextourismus in Kambodscha sehen?

Eben das brach drei Amerikanerinnen schier das Herz.

Ernstena ist die Frau eines Pastors, Clara ist Geschäftsfrau und Jo Anne hatte gerade erst eine kleine Hilfsorganisation gegründet. Gemeinsam reisten sie nach Kambodscha, um ihren Freund Jim-Lo zu besuchen, einen befreundeten Missionar. Er führte sie in ein Stadtviertel, in dem das Sex-Gewerbe blühte. Geschätzte 15.000 Frauen boten dort ihren Körper zum Verkauf an. Über 100.000 junge Frauen waren zu diesem Zeitpunkt in Kambodscha bereits gegen ihren Willen zur Prostitution gezwungen worden. Jo Anne, Clara, Ernstena und Jim-Lo blickten in die Gesichter von Teenagern, ja, sogar Kindern. Hinter jedem einzelnen verbarg sich eine erschütternde Geschichte. Sie machten Fotos, bis die Zuhälter drohten, ihnen die Kamera wegzunehmen. Die vier Christen wussten nicht, was sie tun sollten – außer zu beten.

Und so wurde diese zwielichtige Straße zu einem Gebetsanliegen, das sie immer wieder vor Gott brachten. Ihre Verzweiflung war so überwältigend, dass sie gemeinsam weinten.

Und dann erhörte Gott ihr Gebet und zeigte ihnen, was zu tun war. Nach ihrer Rückkehr in die Vereinigten Staaten schrieb Jo Anne einen Zeitungsartikel über das Erlebte, woraufhin ein Leser einen beachtlichen Geldbetrag überwies. Mit dieser Spende gründeten die Frauen *World Hope International*, eine Organisation gegen den Menschenhandel, die unter anderem einen Unterschlupf für junge Frauen zur Verfügung stellt, nachdem diese aus den Bordellen geflüchtet sind oder gerettet wurden. Innerhalb von nur drei Jahren brachten sie auf diese Weise 400 Kinder im Alter von 2 bis 15 Jahren in Sicherheit.

Als das amerikanische Außenministerium eine Veranstaltung unter dem Motto „Ehrung der modernen Sklavengegner des 21. Jahrhunderts" ausrichtete, wurde *World Hope International* ausgezeichnet. Sie baten sogar eine der Frauen, ein Gebet zu sprechen. Das Gebet, das auf einer kambodschanischen Straße begann, wurde vor einigen der einflussreichsten Regierungsvertretern der Welt fortgeführt.[16]

Erstaunlich, was geschieht, wenn wir aus unseren Schalenpanzern krabbeln.

In allen Schwierigkeiten ermutigt [Gott] uns und steht uns bei, sodass wir auch andere trösten können, die wegen ihres Glaubens leiden müssen. Wir trösten sie, wie Gott auch uns getröstet hat (2. Korinther 1,4).

Gnädiger Vater, ich bin dir von ganzem Herzen dankbar dafür, dass du die Initiative ergriffen hast und mir nachgegangen bist – trotz meiner Schuld und Selbstsucht –, damit ich durch das, was Jesus am Kreuz für uns getan hat, in deiner neuen Welt leben kann. Diese Liebe übersteigt mein Verstehen! Und doch, Vater, muss ich zugeben, dass ich viel zu oft versuche, deine Gnade zu horten und Schutzmauern hochzuziehen, um Schmerz fern- und Segen festzuhalten. Ich bekenne, dass ich wie eine Schnecke bin, die sich aus Angst vor Bedrohungen in ihr Haus zurückzieht. Herr, du lädst mich ein, meinen Panzer abzulegen und mich dir anzuschließen, wenn du deine Liebe zu allen Menschen auf dieser Erde bringst. Brich meinen Panzer auf, Herr, damit auch ich mich einer einsamen, entmutigten, ja, sogar hoffnungslosen Welt zuwenden kann. Amen.

Vergessen Sie das Brot nicht

Kehrt um zu Gott! ... damit euch Gott eure
Sünden vergibt und ihr den Heiligen Geist emp-
fangt. Das alles ist euch, euren Nachkommen
und den Menschen in aller Welt zugesagt ...
(Apostelgeschichte 2,38–39).

Ich erhielt neulich auf dem Heimweg einen Anruf von Denalyn. „Könntest du noch beim Supermarkt vorbeifahren und
etwas Brot mitbringen?"

„Natürlich."

„Muss ich dir erklären, wo du das Brot findest?"

„Machst du Witze? Ich bin mit einem angeborenen Brot-
regaldetektor zur Welt gekommen."

„Lass dich nur nicht ablenken, Max."

Sie war nervös. Zu Recht. Supermärkte sind für mich wie
Bermudadreiecke. Meine Mutter schickte mich einmal los,
um Butter und Milch einzukaufen, ich kaufte Buttermilch. Ich
habe auch schon eine Tube Haarkur für Zahnpasta gehalten.
Ich dachte, die Schnellkasse sei für Leute gedacht, die es besonders eilig haben. Ich bin ein Gründungsmitglied des Klubs

der Ehemänner, die vom Einkaufen keine Ahnung haben. Und ich kann mit dem Mann mitfühlen, der mit einer Schachtel Eier, zwei Tüten Mehl, drei Packungen Backmischung, vier Tüten Zucker und fünf Dosen Kuchenglasur vom Supermarkt nach Hause kam. Seine Frau warf einen Blick auf die Einkäufe und stöhnte: „Ich hätte die Artikel auf der Einkaufsliste nicht nummerieren dürfen."

Und so parkte ich in dem Bewusstsein, dass Denalyn auf mich zählte, vor dem Supermarkt und betrat den Laden. Auf dem Weg zum Gang mit den Backwaren entdeckte ich mein Lieblingsmüsli, also legte ich eine Packung in den Korb, was mich wiederum daran erinnerte, dass wir vielleicht Milch brauchen könnten. Ich wurde in der Abteilung für Milchprodukte fündig. Die kalte Milch beschwor Bilder eines der wunderbarsten Geschenke Gottes an die Menschheit in mir herauf: Oreo-Kekse. Beim himmlischen Festmahl werden uns nämlich Tische über Tische erwarten, die alle mit Oreo-Keksen und Milch beladen sind. Wir werden bis in alle Ewigkeit dippen und schlürfen und schwelgen ... Schon gut, schon gut, das reicht.

Ich griff nach einer Packung Kekse, die zufällig in derselben Ladenhälfte lagen wie Barbecue-Kartoffelchips. In was für einer wunderbaren Welt leben wir doch – Kekse und Barbecue-Chips unter ein und demselben Dach! Auf dem Weg zur Kasse entdeckte ich noch Eis. Innerhalb weniger Minuten hatte ich den Korb mit allem gefüllt, was man für ein glückliches und erfülltes Leben braucht. Ich bezahlte und fuhr nach Hause.

Denalyn warf einen Blick auf meine Einkäufe, dann auf mich. Können Sie sich denken, was sie gefragt hat? Und jetzt alle zusammen: „Wo ist das Brot?"

Ich bin noch einmal zum Supermarkt gefahren.

Denn ich hatte das Eigentliche vergessen. Die eine Sache, wegen der ich überhaupt einkaufen gewesen war. Das eine wesentliche Produkt. Ich hatte das Brot vergessen.

Könnte uns derselbe Fehler unterlaufen? Wir bemühen uns, Gutes zu tun, und verzetteln uns. Wir ermutigen, heilen, helfen und dienen. Wir engagieren uns gegen Rassismus und Armut. Und doch haben wir einen großen Auftrag, den wir erfüllen müssen. Wir dürfen nicht das Brot vergessen.

Petrus vergaß es jedenfalls nicht.

Hört her, ihr Männer Israels! Wie ihr alle wisst, hat Jesus von Nazareth in Gottes Auftrag mitten unter euch mächtige Taten, Zeichen und Wunder gewirkt. Ja, Gott selbst hat durch ihn gehandelt und so seinen Auftrag bestätigt. Aber Jesus wurde durch Verrat an euch ausgeliefert, und ihr habt ihn mithilfe der heidnischen Römer ans Kreuz genagelt und umgebracht. Doch genau so war es von Gott gewollt und vorausbestimmt. Diesen Jesus hat Gott auferweckt und damit die Macht des Todes gebrochen. Wie hätte auch der Tod über ihn Gewalt behalten können! (Apostelgeschichte 2,22–24).

Petrus beantwortete damit die Frage der Leute: „Was soll das bedeuten?" (Apostelgeschichte 2,12). *Der brausende Wind, das Auftreten von Feuer, die plötzlichen sprachlichen Fähigkeiten der Jünger... Was soll das bedeuten?* Also suchte er sich auf dem menschenüberfüllten Platz eine etwas erhöhte Stelle und erzählte der Menge von Jesus. Den Einwohnern von Jerusalem war Jesus sicherlich ein Begriff. Erst sieben Wochen zuvor hatten seine Verurteilung und Hinrichtung Schlagzeilen gemacht. Aber *kannten* sie Jesus? In schneller Folge feuerte Petrus ein Trio göttlich inspirierter Maxime über Christus ab.

1. „Wie ihr alle wisst, hat Jesus von Nazareth in Gottes Auftrag mitten unter euch mächtige Taten, Zeichen und Wunder gewirkt. Ja, Gott selbst hat durch ihn gehandelt und so seinen Auftrag bestätigt" (Vers 22).

   Jesu Wunder waren der Beweis für seine Göttlichkeit. Als er körperliche Gebrechen heilte und hungrige Mägen füllte, als er den Wellen ebenso beiläufig Befehle erteilte wie ein Vier-Sterne-General dem Gefreiten, als er den Leichnam von Lazarus zum Leben erweckte und dem Blinden seine Sehkraft zurückgab, stellte sich Gott mit diesen Wundern hinter ihn. Gott gab Jesus seinen Segen.

2. Dann ließ Gott zu, dass er getötet wurde. „Aber Jesus wurde durch Verrat an euch ausgeliefert, und ihr habt ihn mithilfe der heidnischen Römer ans Kreuz genagelt und umgebracht. Doch genau so war es von Gott gewollt und vorausbestimmt" (Vers 23).

   Gott befand Christus für würdig, seine (Gottes) wichtigste Mission zu erfüllen: als Opfer für die Menschheit zu dienen. Das konnte nicht irgendwer machen, denn wie kann ein Sünder für andere Sünder sterben? Unmöglich. Das Lamm Gottes musste fehlerlos sein, ohne Makel, ohne Schuld. Als die Römer Jesus ans Kreuz nagelten, wies Gott Jesus als das einzige sündlose Wesen aus, das jemals über diese Erde gewandelt ist, als die einzige Person, die in der Lage war, „unsere Sünden auf sich [zu nehmen] und sie selbst zum Kreuz [hinaufzutragen]" (1. Petrus 2,24). Das Kreuz, ein Instrument der Beschämung, war in Wirklichkeit ein Ehrenmal, ein Orden, der nur ein Mal an einen einzigen Mann, an Jesus von Nazareth, verliehen wurde. Doch Gott hat Jesus nicht im Grab gelassen.

3. „Diesen Jesus hat Gott auferweckt und damit die Macht des Todes gebrochen. Wie hätte auch der Tod über ihn Gewalt behalten können!" (Vers 24).

In der Tiefe der finsteren Grabstätte von Josef von Arimathäa, hinter dem von den Römern versiegelten Stein, mitten unter den schlafenden Leichnamen und schweigenden Gräbern der Juden tat Gott sein wunderbarstes Werk. Er sprach zum toten Körper seines Mensch gewordenen Sohnes. Während die Dämonen der Hölle und die Engel des Himmels zusahen, rief er der Rose von Sharon zu, den Kopf zu heben, dem Löwen von Juda, die Pranken zu strecken, dem hellen Morgenstern, zu strahlen, dem Alpha und Omega, der Anfang des Lebens und das Ende des Grabes zu sein.

Ich stelle mir vor, wie Petrus an dieser Stelle seiner Predigt innehält. Ich kann regelrecht hören, wie die Worte von den Steinmauern Jerusalems widerhallen. „Der Tod war für ihn kein Gegner ... kein Gegner ... kein Gegner." Dann herrscht für ein paar Sekunden Stille. Petrus macht eine Pause und blickt in die Gesichter seiner Zuhörer. Seine dunklen Augen blitzen, ob ihm vielleicht jemand widersprechen möchte. Ein Priester, ein Soldat, ein Zyniker ... jemand, irgendjemand, der seine Worte infrage stellt: „Du hast den Verstand verloren, Simon. Komm, wir gehen zum Grab von Josef von Arimathäa. Wir rollen den Stein zur Seite und wickeln den verwesenden Leichnam von Jesus aus, damit dieser Unsinn ein für alle Mal ein Ende hat."

Welch eine Gelegenheit, die Anfänge des Christentums bereits im Keim zu ersticken! Doch niemand widerspricht Petrus. Kein Pharisäer erhebt Einwände. Kein Soldat protestiert. Niemand meldet sich zu Wort, denn niemand hat den Leichnam. Das Wort macht die Runde, dass das „Wort" umging.

Den Leuten dämmert, dass sie einen Fehler gemacht haben. Die Schwere ihres Verbrechens legt sich auf sie wie Grabgesang. Gott ist in ihre Welt gekommen und sie haben ihn umgebracht. Genau darum geht es in Petrus' Predigt: *„Ihr habt Gott umgebracht."* „Wie ihr alle wisst ... mitten unter euch ... Gott hat seinen Auftrag bestätigt ... ihr habt ihn mithilfe der heidnischen Römer ans Kreuz genagelt und umgebracht ..." *Ihr ... mitten unter euch ... ihr.* Dreimal zeigt Petrus sprachlich, wenn nicht gar tatsächlich mit dem Finger auf die Menge.

Nun ändert sich die Frage der Umstehenden. „Was soll das

bedeuten?" (eine Frage des Verstands) wurde zu: „Was sollen wir tun?" (eine Frage des Herzens). „Brüder, was sollen wir tun?" (Vers 37).

Sie beugen sich vor, um Petrus' Antwort auch ja nicht zu verpassen. Es steht so viel auf dem Spiel. Was ist, wenn er sagt: „Es ist zu spät"? Oder: „Ihr habt eure Chance vertan"? Oder: „Ihr hättet gleich beim ersten Mal zuhören sollen"?

Petrus spricht – sicher mit ausgebreiteten Armen und Tränen in den Augen – eine Einladung aus:

Kehrt um zu Gott! [...] Jeder von euch soll sich auf den Namen Jesu Christi taufen lassen, damit euch Gott eure Sünden vergibt und ihr den Heiligen Geist empfangt. Das alles ist euch, euren Nachkommen und den Menschen in aller Welt zugesagt, die der Herr, unser Gott, in seinen Dienst berufen wird (Verse 38–39).

Petrus wird auch noch auf Armut zu sprechen kommen. Die Kirche wird sich schon bald mit Witwen, Krankheiten und Bigotterie befassen. Doch jetzt noch nicht. Das Thema der ersten Stunde lautet: „Vergebung für eure Schuld." Petrus überbringt das Brot.

Gestatten Sie mir, das Gleiche zu tun? Ehe wir die nächste Seite der Apostelgeschichte aufschlagen, möchte ich Sie einladen, über das Angebot Jesu nachzudenken. „Ich bin das Brot des Lebens [...]. Wer zu mir kommt, wird niemals wieder Hunger leiden" (Johannes 6,35).

Bis aus Getreide Brot wird, ist es ein langer, aufwendiger

Weg. Die Saat muss gesät werden, ehe sie wachsen kann. Ist das Getreide reif, muss es geschnitten und zu Mehl gemahlen werden. Ehe es zu Brot wird, muss es noch durch den Ofen. Brot ist das Endergebnis von Säen, Ernten und Erhitzen.

Jesus erging es ganz ähnlich. Er wurde in diese Welt hineingeboren. Er wurde geschnitten, verwundet und auf der Tenne von Golgatha gedroschen. Er musste um unseretwillen durch das Feuer von Gottes Zorn. „Er, der frei von jeder Schuld war, starb für uns schuldige Menschen, und zwar ein für alle Mal. So hat er uns zu Gott geführt" (1. Petrus 3,18).

Brot des Lebens? Jesus hat diesen Titel wahrlich verdient. Doch ein Laib Brot, der nicht angeschnitten wird, nutzt niemandem etwas. Haben Sie das Brot bereits empfangen? Haben Sie Gottes Vergebung empfangen?

Wir sind dankbar, wenn uns verziehen wird, nicht wahr? Ich habe erst vor Kurzem auf einer Landstraße im Süden von Texas darüber nachgedacht. Eine Straße mit vielen Hügeln und Kurven. Ich kenne sie gut. Und jetzt kenne ich auch den für sie zuständigen Streifenpolizisten.

Und er kennt jetzt mich. Er warf einen Blick auf meinen Führerschein. „Warum kommt mir Ihr Name bekannt vor? Sind Sie nicht Pastor hier in San Antonio?"

„Ja."

„Unterwegs zu einer Beerdigung?"

„Nein."

„Ein Notfall?"

„Nein."

„Sie haben aber mächtig Gas gegeben."

„Ich weiß."

„Ich sage Ihnen, was ich tun werde: Ich werde Ihnen eine zweite Chance geben."

Ich seufzte. „Danke. Und vielen Dank auch für dieses Predigtbeispiel zum Thema ‚Vergebung'."

Wo wir auch hingucken – überall hat Gott seine Verkehrsschilder aufgestellt. Im Universum, in der Bibel, selbst in unseren Herzen. Und dennoch missachten wir stur seine Anweisungen. Doch Gott gibt uns nicht, was wir verdient hätten. Er hat seine Welt mit Gnade geflutet. Gnade ohne Ende. Ohne Grenzen. Sie gibt Kraft für dieses Leben und befähigt uns, das nächste zu leben. Gott verteilt zweite Chancen wie eine Suppenküche Mahlzeiten: an jeden, der darum bittet.

Und da sind auch Sie eingeschlossen. Sorgen Sie dafür, dass Sie das Brot bekommen.

Und dann geben Sie es weiter. Denn wenn *wir* es nicht tun, wer tut es dann? Regierungen verteilen keine Nahrung für die Seele. Staatliche Katastrophenhilfe kann den Menschen ein Bett, eine Mahlzeit und Unterstützung geben. Doch wir haben so viel mehr zu geben. Nicht allein Hilfen zur Bewältigung dieses Lebens, sondern Hoffnung für das nächste.

Kehrt um zu Gott! […] Jeder von euch soll sich auf den Namen Jesu Christi taufen lassen, damit euch Gott eure Sünden vergibt und ihr den Heiligen Geist empfangt. Das alles ist euch, euren Nachkommen und den Menschen in aller Welt zugesagt, die der Herr, unser Gott, in seinen Dienst berufen wird (Verse 38–39).

Lassen Sie uns dafür sorgen, dass die Menschen neben den Bechern mit Wasser, Tellern mit Essen und Fläschchen mit Medizin die Botschaft zu hören bekommen, dass ihre Schuld vergeben und der Tod besiegt ist.

Vergessen wir das Brot nicht!

Denn Gott ist durch Christus selbst in diese Welt gekommen und hat Frieden mit ihr geschlossen, indem er den Menschen ihre Sünden nicht länger anrechnet. Gott hat uns dazu bestimmt, diese Botschaft der Versöhnung in der ganzen Welt zu verbreiten. Als Botschafter Christi fordern wir euch deshalb im Namen Gottes auf: Lasst euch mit Gott versöhnen! Wir bitten euch darum im Auftrag Christi. Denn Gott hat Christus, der ohne jede Sünde war, mit all unserer Schuld beladen und verurteilt, damit wir freigesprochen sind und Menschen werden, die Gott gefallen (2. Korinther 5,19–21).

Mein Retter und Herr, ich danke dir dafür, dass du mir das Brot des Lebens gegeben hast, obwohl ich nur den Staub des Todes verdient hätte. Aus Liebe hast du meine Dunkelheit durch dein Licht ersetzt, meine Furcht durch deine Sicherheit und meine Verzweiflung durch deine Hoffnung. Erinnere mich jeden Tag daran, Vater, dass ich das Brot des Lebens, das ich in Jesus habe, aufgrund deiner Gnade und Liebe bekomme – und dass es dein großzügiges Herz erfreut, wenn ich anderen erzähle, wo sie dieses wunderbare Brot finden und daran Anteil haben können. Mache mich zu einem eifrigen Botschafter Christi. Verwandle meine Furcht in Mut, damit die Straßen des Himmels mit Männern und Frauen bevölkert sein werden, die Jesus Christus lieben, weil sie von seiner Gnade und seinem Erbarmen zum ersten Mal aus meinem Mund gehört haben. Amen.

Kapitel 5

Im Team arbeiten

Alle in der Gemeinde ... lebten in enger
Gemeinschaft ... (Apostelgeschichte 2,42).

1976 wurde das Hochland von Guatemala von einem schweren
Erdbeben erschüttert. Tausende starben und Zehntausende
wurden obdachlos. Ein Philanthrop erbot sich, ein Hilfsteam
unserer Universität zu finanzieren. In unserem Wohnheim
wurde daraufhin der folgende Aushang aufgehängt: „Gesucht:
Studenten, die bereit sind, während ihrer einwöchigen Früh-
lingsferien einfache Häuser in Quetzaltenango zu bauen." Ich
meldete mich, wurde genommen und besuchte daraufhin die
Orientierungsveranstaltungen.

Wir waren insgesamt zwölf Personen; die meisten davon
wollten Pastor werden. Und alle, wie es schien, debattierten
mit Vorliebe über Theologie. Wir waren noch jung genug im
Glauben, um davon überzeugt zu sein, dass wir alle Antworten kannten, was zu lebhaften Diskussionen führte. Wir liebten den Schlagabtausch über unzählige Streitfragen. Ich kann
mich gar nicht mehr daran erinnern, über was wir genau
sprachen. Doch sehr wahrscheinlich gehörten die üblichen

Verdächtigen dazu wie Geistesgaben, Endzeit, Anbetungsstile, Gemeindestrategien und so weiter. Als wir in Guatemala ankamen, hatten wir alle Themen abgedeckt und Farbe bekannt. Ich hatte gelernt, die Getreuen von den Abtrünnigen zu unterscheiden, die Konservativen von den Ketzern. Ich wusste, wer dazugehörte und wer nicht.

Doch all das war schnell vergessen. Angesichts der vom Erdbeben angerichteten Verwüstung waren nämlich unsere Meinungsverschiedenheiten plötzlich gar nicht mehr so wichtig. Ganze Dörfer waren dem Erdboden gleichgemacht worden. Kinder stolperten durch die Trümmer und riefen nach ihren Eltern. Die Verwundeten standen in langen Schlangen vor den Ärztezelten, um medizinische Versorgung zu erhalten. Unsere theologischen Auffassungen waren plötzlich belanglos. Die Katastrophe verlangte nach Teamarbeit. Und die Herausforderung schweißte uns als Team zusammen.

Die Aufgabe machte aus Rivalen Partner. An einen Kommilitonen kann ich mich noch besonders gut erinnern. Wir beiden vertraten gänzlich verschiedene Ansichten zum Stil von Anbetungsmusik. Ich, der aufgeschlossene, prägnante Denker, bevorzugte zeitgenössische, peppige Musik. Er, der schwerfällige, engstirnige Höhlenmensch, zog Choräle und Gesangbücher vor. Doch wie wir so Stein für Stein aufeinanderschichteten, um Häuser zu bauen, raten Sie mal, wer da Seite an Seite arbeitete? Wir fingen sogar an, gemeinsam zu singen. Wir sangen alte und neue Lieder, langsame und schnelle. Erst später ging mir auf, welche Ironie darin lag: Unser gemeinsames Anliegen schenkte uns ein gemeinsames Lied.

So hat Jesus das von Anfang an geplant. Niemand schafft allein, was wir alle zusammen schaffen können. Wissen Sie noch, was er seinen Jüngern zum Abschied auftrug? „Ihr hier alle zusammen werdet meine Zeugen sein." Jesus verteilte keine Einzelaufträge. Er schritt die Reihe der Jünger nicht entlang und schlug jeden Einzelnen zum Ritter.

„Du, Petrus, wirst mein Zeuge sein … "

„Du, Johannes, wirst mein Zeuge sein …"

„Du, Maria Magdalena, wirst meine Zeugin sein …"

Er sagte vielmehr: „Ihr (als Gesamtheit) werdet meine Zeugen sein … " Jesus arbeitet mit Teams. Aus diesem Grund finden sich in den frühsten Beschreibungen der Gemeinde auch keine Personalpronomen im Singular:

Sie alle widmeten sich eifrig dem, was für sie als Gemeinde wichtig war: Sie ließen sich von den Aposteln unterweisen, sie hielten in gegenseitiger Liebe zusammen, sie feierten das Mahl des Herrn, und sie beteten gemeinsam. Alle Menschen in Jerusalem wurden von ehrfürchtiger Scheu ergriffen; denn Gott ließ durch die Apostel viele Staunen erregende Wunder geschehen. Alle, die zum Glauben gekommen waren, bildeten eine enge Gemeinschaft und taten ihren ganzen Besitz zusammen. Von Fall zu Fall verkauften sie Grundstücke und Wertgegenstände und verteilten den Erlös unter die Bedürftigen in der Gemeinde. Tag für Tag versammelten sie sich einmütig im Tempel, und in ihren Häusern hielten sie das Mahl des Herrn und aßen gemeinsam, mit jubelnder Freude und reinem Herzen (Apostelgeschichte 2,42–46; GN).

Es gibt keine herausragenden Einzelrollen:

„*Sie* ließen sich von den Aposteln unterweisen."

„*Sie* hielten in gegenseitiger Liebe zusammen."

„*Alle* Menschen in Jerusalem wurden von ehrfürchtiger Scheu ergriffen."

„*Alle*, die zum Glauben gekommen waren, bildeten eine enge Gemeinschaft und taten ihren ganzen Besitz zusammen."

„Tag für Tag versammelten *sie* sich einmütig im Tempel, und in ihren Häusern hielten *sie* das Mahl des Herrn und aßen gemeinsam."

Kein *ich* oder *mein* oder *du*. Wir sind eine Gemeinschaft. Wir sind mehr als Nachfolger oder Jünger Christi: „... wir sind Glieder seines Leibes" (Epheser 5,30) und: „Er ist das Haupt der Gemeinde, die sein Leib ist" (Kolosser 1,18). Ich bin nicht sein Leib; Sie sind nicht sein Leib. Wir – gemeinsam – sind sein Leib.

Doch sein Leib ist bekannt für sein schlechtes Benehmen. Das Gehirn blickt auf das Herz herab (Christen, die es lieben, sich Wissen anzueignen, blicken oft auf Menschen herab, die sich Gott durch Anbetung nähern.). Die Hände kritisieren die Knie (Menschen, die gern praktisch anpacken, kritisieren Christen, die lieber in der Stille beten.). Die Augen weigern sich, mit den Füßen zusammenzuarbeiten (Visionäre Denker arbeiten nicht mit den treuen Arbeitern zusammen.).

Ein klarer Fall von Meuterei.

Selbst wenn der Fuß behaupten würde: „Ich gehöre nicht zum Leib, weil ich keine Hand bin!", er bliebe trotzdem ein Teil des Körpers. Und wenn das Ohr erklären würde: „Ich bin

kein Auge, darum gehöre ich nicht zum Leib!", es gehörte
dennoch dazu. Angenommen, der ganze Körper bestünde
nur aus Augen, wie könnten wir dann hören? Oder der ganze
Leib bestünde nur aus Ohren, wie könnten wir dann riechen?
Deshalb hat Gott jedem einzelnen Glied des Körpers seine
besondere Aufgabe gegeben, so wie er es wollte (1. Korinther
12,15–18).

Die ersten Christen amüsierten sich sicher köstlich über diese
bildhafte Sprache. Was wäre, wenn der ganze Körper ein Auge
wäre? Wie könnte denn so eine Ansammlung von Augäpfeln
funktionieren? Fünf Augen an der Hand, die wiederum ein
Auge ist, an einem armgroßen Auge, das an einem Augen-
rumpf hängt, der sich zu einem Augennacken zuspitzt und …
die Vorstellung ist aberwitzig! Man müsste in Augentropfen
baden. Allerdings könnte man gar nicht baden, weil man ja
keine Hände hätte …

„Darum kann das Auge nicht zur Hand sagen: ‚Ich brauche
dich nicht!'" (Vers 21). Die Megagemeinde braucht die klei-
nere Gemeinde. Der Liberale braucht den Konservativen. Der
Pastor braucht den Missionar. Zusammenarbeit ist mehr als
lediglich eine gute Idee; sie ist ein Gebot. „Setzt alles daran,
dass die Einheit, wie sie der Geist Gottes schenkt, bestehen
bleibt durch den Frieden, der euch verbindet" (Epheser 4,3).
Einheit ist Gott wichtig: „Dann wird es nur noch eine Herde
und einen Hirten geben" (Johannes 10,16).

Könnte es vielleicht sein, dass der Faktor, der unser Bemühen behindert, die Welt zu verändern, die Zusammenarbeit

ist? „Wenn zwei von euch hier auf der Erde meinen Vater im Himmel um etwas bitten wollen und darin übereinstimmen, dann wird er es ihnen geben. Denn wo zwei oder drei in meinem Namen zusammenkommen, bin ich in ihrer Mitte" (Matthäus 18,19–20).

Dies ist eine ganz erstaunliche Verheißung. Wenn Gläubige eins werden, registriert Jesus das, taucht auf und hört unsere Gebete. Und wenn Gläubige sich uneins sind? Kommen wir noch einmal kurz auf meinen Guatemala-Einsatz zurück.

Nehmen wir einmal an, unsere Gruppe wäre aufgrund der unterschiedlichen Auffassungen in kleine Grüppchen zerfallen. Unsere theologischen Meinungsverschiedenheiten hätten zu Spaltungen geführt. Was wäre wohl geschehen, wenn wir erst dann zusammengearbeitet hätten, wenn wir uns in den theologischen Fragen einig gewesen wären? Wir hätten nicht das Geringste zustande gebracht. Wenn es unter den Arbeitern Spaltungen gibt, leiden die Leidenden am meisten.

Und die haben genug gelitten, finden Sie nicht? Die Gemeinde in Jerusalem fand einen Weg, wie sie zusammenarbeiten konnten. Ihr gemeinsames Fundament waren der Tod, das Begräbnis und die Auferstehung Christi. Und weil ihnen das reichte, wurde das Leben von Menschen verändert.

Und wenn Ihnen und mir das auch reicht, wird das Gleiche geschehen.

Wir werden mehr und mehr Menschen helfen, Menschen wie José Ferreira aus Brasilien. Er betreibt eine kleine Apotheke in einem Slum von Rio de Janeiro. Die Apotheke ist eigentlich nur ein Blechschuppen mit einer Bank, doch da er

Medikamente verkauft, hängt dort ein handgemaltes Schild „Farmácia". Er begann damals mit Medikamenten im Wert von 3 Dollar, die er in einer größeren Apotheke im Stadtzentrum gekauft hatte. Sobald er seine Arzneimittel verkauft hat, schließt er seinen Laden, geht zu einer nahe gelegenen Bushaltestelle, fährt eine Stunde bis zu der größeren Apotheke und kauft neue Vorräte.

Bis er zurückkommt, ist es dunkel, darum wartet er bis zum nächsten Morgen und startet den Kreislauf von Neuem: öffnen, die Medizin verkaufen, den Laden schließen und in die Stadt fahren, um Nachschub zu besorgen. An manchen Tagen macht er das zweimal. Da sein Laden genauso oft geschlossen wie geöffnet hat, macht er kaum Profit. Er lebt mit seiner Familie im hinteren Teil der Blechhütte und sie müssen mit umgerechnet 3 Dollar pro Tag auskommen. Sollte ein Platzregen die Favela unter Wasser setzen und seinen Schuppen fortspülen, verliert er alles. Sollte eines seiner Kinder am Denguefieber erkranken, wird er vermutlich nicht das Geld für die notwendigen Medikamente haben. Das alles weiß José. Doch was soll er tun? Er bewohnt die Welt der Armen, wo man sich ganz schön strecken muss, um den eigenen Lebensunterhalt zu bestreiten.

Doch während sich José in Rio abmüht, ist Gott in London am Werk. Ein Taxifahrer namens Thomas liest einen Artikel in einer Zeitschrift, in dem das faszinierende Konzept der Mikrokredite beschrieben wird. Mikrofinanzorganisationen vergeben kleine Kredite an arme Menschen, damit ihr Einkommen steigt und ihr Leben etwas mehr Sicherheit bekommt.

Thomas ist nicht reich, aber er hat genug zum Leben. Nur zu gern würde er einem kleinen Geschäftsmann wie ihm selbst helfen, der auf der anderen Seite der Welt lebt. Doch wie kann er das? Kann ein britischer Taxifahrer einem brasilianischen Kaufmann helfen? Durch Mikrofinanzorganisationen kann er das.

Also tut er es.

Wenige Tage später wird José ein Mikrokredit über 55 US-Dollar angeboten. Voraussetzung ist jedoch, dass er sich einer Kreditnehmergruppe anschließt, die aus sechs Geschäftsleuten in seiner Nähe besteht. Jeder von ihnen erhält einen Kredit, aber jedes Gruppenmitglied haftet für die Darlehen der anderen Mitglieder. Mit anderen Worten: Wenn José das Darlehen nicht zurückzahlt, müssen seine Freunde für ihn einstehen (Gruppenzwang mal ins Positive verkehrt).

José nutzt das Darlehen geschickt. Durch das zusätzliche Kapital kann er seine Einkaufstrips auf einmal wöchentlich reduzieren und seinen Laden den ganzen Tag geöffnet haben. Sein Umsatz steigt, er zahlt den Kredit zurück und schafft es innerhalb von zwei Jahren, 1.000 Dollar anzusparen. Damit kauft er sich ein Stückchen Land in der Favela und sammelt nun Betonblöcke zusammen, um seiner Familie ein Haus zu bauen.[17]

Wie konnte es dazu kommen? Wen hat Gott gebraucht, um José Ferreira zu helfen? Einen Taxifahrer. Eine humanitäre Organisation. Andere Favela-Bewohner. Sie alle arbeiteten zusammen. Und ist das nicht, wie wir gesehen haben, Gottes Lieblingsmethode?

So arbeitete er auch damals in Jerusalem. Die Gemeinde ist ein Mikrokosmos von Gottes Plan. Niemand kann alles tun, aber jeder kann etwas tun. Und wenn wir das machen, wird man Berichte wie den folgenden in Zukunft öfter lesen können: „Mit großer Überzeugungskraft berichteten die Apostel von der Auferstehung Jesu, und alle erlebten Gottes Güte. *Keinem in der Gemeinde fehlte etwas ...*" (Apostelgeschichte 4,33–34; Hervorhebung des Autors).

Unsere einzige Hoffnung besteht in der Zusammenarbeit.

Vor einigen Jahren sah ein Kriegsberichterstatter in Sarajevo, wie ein kleines Mädchen von einem Heckenschützen getroffen wurde. Die Kugel riss ihr den Hinterkopf weg. Der Reporter ließ Block und Bleistift fallen und hörte ein paar Minuten lang auf, Reporter zu sein. Er rannte zu dem Mann, der das Kind in den Armen hielt, und half beiden in sein Auto. Während der Journalist zum Krankenhaus raste, flehte der Mann, der das blutende Kind hielt: „Beeilen Sie sich, mein Freund, mein Kind lebt noch."

Einen Moment später bat er: „Beeilen Sie sich, mein Freund, mein Kind atmet noch."

Ein paar Minuten später: „Beilen Sie sich, mein Freund, mein Kind ist noch warm."

Schließlich: „Beeilen Sie sich, oh mein Gott, mein Kind wird schon kalt."

Das kleine Mädchen starb noch auf dem Weg zum Krankenhaus. Als die beiden Männer sich im Waschraum das Blut von den Händen und der Kleidung wuschen, wandte sich der Mann an den Journalisten und sagte: „Ich habe eine schreckliche

Aufgabe vor mir. Ich muss dem Vater dieses Mädchens sagen, dass sein Kind tot ist. Das wird ihm das Herz brechen."

Der Journalist war verblüfft. Er sah den trauernden Mann an und sagte: „Ich dachte, das Mädchen wäre *Ihr* Kind."

Der Mann erwiderte den Blick und antwortete: „Nein, aber sind sie nicht alle unsere Kinder?"[18]

In der Tat. Die Leidenden gehören zu uns allen. Und wenn wir alle etwas unternehmen, gibt es Hoffnung.

Zwei haben es besser als einer allein, denn zusammen können sie mehr erreichen. Stürzt einer von ihnen, dann hilft der andere ihm wieder auf die Beine. Doch wie schlecht steht es um den, der alleine ist, wenn er hinfällt! Niemand ist da, der ihm wieder aufhilft! (Prediger 4,9–10).

Herr, immer wenn ich dich mit „unser Vater" anrede, erinnert mich das daran, dass ich dazu berufen bin, Teil einer Gemeinschaft zu sein. Du wolltest nicht, dass ich auf mich allein gestellt bin, sondern hast mich zusammen mit jedem anderen Menschen, der an Jesus Christus glaubt, in den Leib Christi hineingestellt. Hilf mir, dass diese Wahrheit in meinem Leben Gestalt annimmt: dass wir alle gemeinsam wachsen, gemeinsam arbeiten, gemeinsam anbeten und gemeinsam weinen und lachen und leben sollen. Gewähre mir die Weisheit und die Kraft, mit dir und meinen Brüdern und Schwestern zusammenzuarbeiten, um etwas gegen die Nöte, denen wir tagtäglich begegnen, zu unternehmen. Amen.

Kapitel 6

Öffnen Sie Ihre Tür, öffnen Sie Ihr Herz

In großer Freude und mit aufrichtigem Herzen
trafen sie sich zu gemeinsamen Mahlzeiten
(Apostelgeschichte 2,46).

Wenn Stimmen Jahreszeiten wären, dann wäre ihre Stimme der Frühling.

„Guten Tag", flötete sie. „Vielen Dank für Ihren Anruf."

Die freundliche Begrüßung tat so gut. Es goss in Strömen. Gewitter verursachten Stromausfälle und Stürme behinderten den Verkehr. In den Nachrichten riet man Autofahrern, ihre Fahrzeuge stehen zu lassen. Aber ich musste dringend einen Flieger erwischen.

Darum rief ich bei der Fluglinie an. Dort würde man wissen, ob der Flug Verspätung hatte oder gar abgesagt worden war. Die Mitarbeiter würden die Ruhe im Sturm sein. Und einen Schmetterlingsflügelschlagmoment lang war die Stimme auch genau das. „Guten Tag, vielen Dank für Ihren Anruf."

Doch dann kam es. Ehe ich ihr meinerseits danken konnte, fuhr die Stimme fort: „Wir möchten Sie darauf hinweisen, dass der Anruf zur Qualitätssicherung aufgezeichnet werden kann."

Nicht schon wieder.

Die Segler in der Antike hatten Angst davor, über den Rand der Welt zu stürzen. Unsere Siedlervorfahren fürchteten Schneestürme. Von unseren Eltern kennen einige noch das Grauen vor dem Bombenhagel im Zweiten Weltkrieg. Doch keiner unserer Vorfahren musste mit dem kämpfen, was Ihnen und mir heute zu schaffen macht: dem Bermudadreieck mit der Bezeichnung „automatisierter Telefonservice".

„Drücken Sie die Eins", sagte sie, „für Inlandflüge."

„Drücken Sie die Zwei für internationale Flüge."

„Drücken Sie die Drei, wenn Sie Ihre Flugnummer und den Namen Ihres Abgeordneten kennen."

„Drücken Sie die Vier, wenn Sie ein Vielflieger sind, im Mittleren Westen wohnen und keine Kinder haben."

„Drücken Sie die Fünf, wenn die Quersumme der neun Ziffern Ihrer Sozialversicherungsnummer mehr als sechzig beträgt …"

Ich kam kaum mit! Schließlich drückte ich irgendeine Zahl und, nicht weiter verwunderlich, beging das Telefon-Pendant zu Harakiri: Ich landete in einer Warteschleife. Jetzt würde ich für unabsehbare Zeit in der unterirdischen Kabelkaverne feststecken, dazu verdammt, stundenlang Kenny G. und Barry Manilow zu hören.

Oh, wenn ich doch nur eine menschliche Stimme gehört hätte! Mit einer wirklichen Person gesprochen hätte! Eine menschliche Begrüßung gehört hätte! Geht das nur mir so oder ergeht es dem zwischenmenschlichen Kontakt gerade so ähnlich wie dem Schneeleoparden – beide stehen kurz vor dem Aussterben? Früher zog einmal jede Aktivität ein Gespräch nach sich. Ging man tanken, begrüßte man den Tankwart. Brachte man einen Scheck zur Bank, plauderte man mit dem Schalterangestellten über das Wetter. Kaufte man ein Geschenk, sprach man mit dem Verkäufer. Heute ist das anders. Man kann an der Zapfsäule direkt mit EC-Karte zahlen, Bankgeschäfte online tätigen und Geschenke über das Internet bestellen. Man kann seine kompletten Geschäfte abwickeln, ohne ein einziges Mal „Guten Tag" zu sagen.

Sie können uns gerne als eine schnelle Gesellschaft, eine effiziente Gesellschaft bezeichnen, aber bezeichnen Sie uns nicht als eine persönliche Gesellschaft. Isolation ist ein Wesensmerkmal unserer Gesellschaft. Wir tragen Kopfhörer beim Joggen. Wir kommunizieren über E-Mail und SMS. Wir betreten und verlassen unsere Häuser mit Einfahrts- und Garagentoröffnern. Unser Mantra: „Ich lasse dich in Ruhe. Du lässt mich in Ruhe."

Doch Gott möchte, dass die Menschen, die zu ihm gehören, da eine Ausnahme bilden. Auch wenn alle anderen den Weg von Computern und Tastaturen einschlagen. Bei Gottes Kindern soll Gastfreundschaft großgeschrieben werden.

Lange bevor es in den Kirchen Kanzeln und Taufbecken gab, hatten sie Küchen und Esstische: „Täglich kamen sie im Tempel zusammen und feierten *in den Häusern* das Abendmahl. In großer Freude und mit aufrichtigem Herzen trafen sie sich zu gemeinsamen Mahlzeiten" (Apostelgeschichte 2,46; Hervorhebung des Autors). „Unbeirrt lehrten sie auch weiterhin Tag für Tag im Tempel und *in Privathäusern* und verkündeten die gute Nachricht, dass Jesus der Messias ist" (Apostelgeschichte 5,42; NGÜ; Hervorhebung des Autors).

Selbst beim flüchtigen Lesen des Neuen Testaments fällt auf, dass das Privathaus das Hauptwerkzeug der Gemeinde war: „... und an alle anderen Christen, die sich in Philemons Haus treffen" (Philemon 2), „Grüßt Priszilla und Aquila ... Grüßt die ganze Gemeinde von mir, die sich in ihrem Haus versammelt" (Römer 16,3.5). Oder auch: „Grüßt alle Christen in Laodizea von mir, vor allem Nympha und alle, die sich in ihrem Haus versammeln" (Kolosser 4,15).

Kein Wunder, dass Gemeindeälteste „gastfreundlich" (1. Timotheus 3,2) sein sollten: Die Menschen trafen sich hauptsächlich in Privathaushalten.

Überlegen Sie einmal, wie genial Gott das geplant hatte. Die erste Generation von Christen war ein Pulverfass aus gegensätzlichen Kulturen und Hintergründen. Vertreter aus mindestens 15 Nationen hörten die Pfingstpredigt. Juden standen neben Heiden. Männer feierten zusammen mit Frauen Gottesdienst. Sklaven und Herren versuchten, Christus nachzufolgen. Können Menschen aus so unterschiedlichen Hintergründen und Kulturen miteinander auskommen?

Heute stellen wir uns die gleiche Frage. Können Latinos und Weiße friedlich zusammenleben? Können Demokraten und Republikaner Gemeinsamkeiten finden? Kann eine christliche Familie mit dem muslimischen Paar aus dem Nachbarhaus befreundet sein? Können verschiedenartige Menschen miteinander auskommen?

In der frühen Kirche ging das – ohne die Hilfe von heiligen

Stätten, Kirchengebäuden, ausgebildeten Geistlichen oder theologischen Hochschulen. Es ging durch die klarste aller Botschaften (das Kreuz) und das einfachste aller Werkzeuge (das Wohnhaus).

Nicht jeder kann im Ausland arbeiten, eine Hilfsaktion leiten oder ehrenamtlich bei der Suppenküche im Stadtzentrum mitarbeiten. Doch wer kann nicht gastfreundlich sein? Haben Sie eine Eingangstür? Einen Tisch? Stühle? Brot und Wurst für belegte Brote? Herzlichen Glückwunsch! Sie haben sich soeben für die Arbeit in einem uralten Dienstsektor qualifiziert: Gastfreundschaft. Sie stehen in einer Reihe mit Personen wie:

Abraham. Er speiste nicht bloß Engel, sondern den Herrn der Engel (1. Mose 18).

Rahab, die Hure. Sie nahm die Spione auf und versteckte sie. Dank ihrer Freundlichkeit überlebte ihre Verwandtschaft und ihr Name ist nicht in Vergessenheit geraten (Josua 6,22–23; Matthäus 1,5).

Marta und Maria, die Jesus ihr Haus öffneten. Er wiederum öffnete das Grab des Lazarus für sie (Johannes 11; Lukas 10,38–42).

Zachäus lud Jesus zum Essen ein. Und zum Dank ließ Jesus ihm Rettung da (Lukas 19,10).

Und wie steht es mit dem herrlichsten Beispiel überhaupt – dem „dem und dem" aus Matthäus 26, Vers 18? Am Tag vor seinem Tod trug Jesus seinen Nachfolgern auf: „Geht in die Stadt zu dem und dem und sagt zu ihm: ‚Der Meister lässt dir ausrichten: Meine Stunde ist gekommen. Ich will mit meinen Jüngern bei dir das Passamahl feiern'" (NGÜ).

Wie hätte es Ihnen gefallen, derjenige zu sein, der Jesus sein Haus öffnet? Das können Sie. „Was ihr für einen meiner geringsten Brüder getan habt, das habt ihr für mich getan!" (Matthäus 25,40). Wenn Sie Fremde zum Essen einladen, laden Sie Gott persönlich ein.

An einem Esstisch geschieht etwas Heiliges, das so niemals in einer Kirche geschehen wird. In einem Gemeindesaal sehen Sie Hinterköpfe. Wenn Sie um einen Tisch herum sitzen, sehen Sie Gesichter. Im Gemeindesaal spricht eine Person; am Tisch hat jeder eine Stimme. Gottesdienste beginnen und enden pünktlich. Am Tisch ist Zeit zum Reden.

Gastfreundschaft öffnet die Tür zu ungemeiner Gemeinschaft.

Es ist kein Zufall, dass das englische Wort für „Gastfreundschaft" – „hospitality" – und „Hospital" dieselbe lateinische Wurzel haben, denn beide führen zu demselben Ergebnis: Heilung. Wenn Sie jemandem Ihre Tür öffnen, sagen Sie damit: „Du bist mir und Gott wichtig." Ihrer Meinung nach haben Sie vielleicht lediglich gesagt: „Komm doch einfach mal vorbei." Doch Ihr Gast hört: „Ich bin die Mühe wert."

Kennen Sie Menschen, die diese Botschaft unbedingt hören sollten? Singles, die immer alleine essen? Junge Paare, die weit weg sind von zu Hause? Mitarbeiter, die versetzt wurden, Teenager, die das Gefühl haben, außen vor zu sein, und Senioren, die nicht länger Auto fahren können? Manche Menschen verbringen einen ganzen Tag ohne nennenswerte Kontakte mit anderen. Ihre Gastfreundschaft kann für sie Heilung bedeuten. Sie brauchen nur ein paar Grundregeln zu befolgen.

Sprechen Sie eine ehrlich gemeinte Einladung aus. Lassen Sie Ihre Gäste wissen, dass sie herzlich eingeladen sind. Rufen Sie sie an oder gehen Sie auf der Arbeit zu ihrem Schreibtisch hinüber. Sind sie Nachbarn? Klopfen Sie an ihre Tür und sagen Sie: „Wir würden uns sehr freuen, wenn Sie heute Abend zu uns zum Essen kämen!" Die Menschen müssen täglich so viele Zurückweisungen verkraften. Sie bekommen keinen Arzttermin, die Kinder haben nicht angerufen. Das Flugzeug ist ausgebucht. Doch dann laden Sie sie ein. *Bei uns sind Sie willkommen!* Lebensverändernd.

Machen Sie das Eintreffen Ihrer Gäste zu einem großen Ereignis. Versammeln Sie die gesamte Familie an der Haustür. Machen Sie die Tür weit auf, wenn Sie Ihre Gäste kommen sehen. Haben Sie eine Einfahrt? Dann gehen Sie ihnen entgegen. Wenn Ihr Apartmentblock eine Empfangshalle hat, dann warten Sie dort auf Ihre Gäste. Dieser Moment ist paradewürdig. Eines von Gottes Kindern kommt zu Ihnen nach Hause!

Stellen Sie sich auf Ihre Gäste ein. Im 1. Jahrhundert war das Waschen der Füße Bestandteil der Gastfreundschaft. Heutzutage gehört das Reichen von Speisen und Getränken dazu. Zeit zum Reden und Zuhören. Kein Fernsehgeplärr im Hintergrund. Keine aufdringliche Musik. Sorgen Sie dafür, dass jeder zu Wort kommen kann. Sie können beispielsweise reihum von den schönsten Momenten des Tages oder den schönsten Erinnerungen der Woche erzählen. Wie der gute Hirte decken wir den Tisch und erfrischen die Seele unseres Gegenübers.

Geben Sie Ihren Gästen einen Segen mit auf den Weg, wenn sie gehen. Bringen Sie klar zum Ausdruck, dass Sie froh sind, dass Ihre Gäste da waren. Geben Sie ihnen ein Gebet um Bewahrung und ein Wort der Ermutigung für ihren Weg mit.

Sie müssen gar nichts Großartiges auf die Beine stellen, damit es Ihren Gästen etwas bedeutet. Hören Sie nicht auf die Martha-Stewart-Stimme, die Stimme, die Ihnen einflüstern will, dass alles perfekt sein muss. Das Haus muss perfekt sein. Das Geschirr muss perfekt sein. Das Essen. Die Kinder. Der Ehemann. Alles muss perfekt sein. Duftende Gästehandtücher, warme Aperitifs, Mint-Täfelchen zum Abschluss der Mahlzeit.

Wenn wir so lange warten, bis alles perfekt ist, werden wir niemals eine Einladung aussprechen. Vergessen Sie nicht: Was Ihnen normal und gewöhnlich vorkommt, ist für einen anderen ein Fest. Sie denken, Ihr Haus sei klein, doch für den einsamen Single ist es ein Schloss. Sie denken, im Wohnzimmer herrsche ein einziges Chaos, doch für denjenigen, dessen Leben ein Chaos ist, ist Ihr Haus ein Zufluchtsort. Sie denken, das Essen sei einfach, doch für Menschen, die jeden Abend allein essen, sind Grillfleisch und Gemüse, die draußen auf Papptellern serviert werden, eine Köstlichkeit wie Filet Mignon. Was Ihnen klein vorkommt, ist für andere etwas Großes.

Öffnen Sie Ihre Tischrunde.

Und was noch wichtiger ist: Öffnen Sie Ihren Bekanntenkreis. Laden Sie nicht nur die Wohlhabenden und Erfolgreichen ein, sondern: „Zu einem Essen solltest du nicht deine Freunde, Geschwister, Verwandten oder die reichen Nachbarn einladen ... Bitte lieber die Armen, Verkrüppelten, Gelähmten und Blinden an deinen Tisch" (Lukas 14,12–13).

Das griechische Wort für „Gastfreundschaft" setzt sich aus zwei Wörtern zusammen: *Liebe* und *Fremder*. Der Ausdruck bedeutet also wörtlich, dass man einen Fremden lieben soll. Jeder kann jemanden willkommen heißen, den er oder sie kennt und liebt. Doch können wir auch einen Fremden willkommen heißen? In Amerika wachen jeden Morgen 39 Millionen Menschen in Armut auf.[19] 2008 hatten 17 Millionen Haushalte Schwierigkeiten, ihre Familie mit Essen zu versorgen.[20] Geschätzte 1,1 Millionen Kinder lebten in Haushalten, die mehrmals im Jahr Hunger litten.[21] Und dies in den Vereinigten Staaten, der reichsten Nation, die es je gegeben hat.

Wenn wir Lebensmittelgutscheine ausgeben, dann verhindern wir damit, dass Menschen hungern müssen. Doch wenn wir die Hungrigen an unseren Tisch laden, sprechen wir damit das tiefere Bedürfnis nach Anerkennung und Selbstwert an. Wer hätte das gedacht? Zu Gottes Waffenarsenal im Kampf gegen die Armut gehören Ihr Küchentisch und meiner.

Vor einigen Monaten war ich im Auto unterwegs und musste vor der roten Ampel einer belebten Kreuzung warten, als ein Mann auf meinen Wagen zukam. Er trat vom Bürgersteig, schlängelte sich an mehreren Fahrzeugen vorbei und begann, mir zuzuwinken. Er trug ein Pappschild unterm Arm, einen abgewetzten Rucksack auf dem Rücken. Die Jeans war schmutzig, der Bart struppig, und er rief meinen Namen: „Max! Max! Kennst du mich noch?"

Ich ließ die Fensterscheibe herunter. Er grinste mich mit einem zahnlosen Lächeln an. „Ich erinnere mich immer noch an den Burger, den du mir gekauft hast." Da fiel es mir wieder ein. Vor Monaten, vielleicht sogar einem Jahr, war ich mit ihm an eben dieser Kreuzung zu einer Imbissbude gegangen, wo wir gemeinsam gegessen hatten. Er war damals auf dem Weg nach Kalifornien gewesen. „Ich komme wieder durch Texas", erzählte er mir. Die Ampel schaltete auf Grün und Autos begannen zu hupen. Ich gab Gas und sah ihn im Rückspiegel winkend und rufend verschwinden: „Danke für den Burger, Max."

Ich hatte diese Mahlzeit längst vergessen. Er nicht. Wir können nie wissen, welche Auswirkungen ein einziges Essen hat.

Kurz nach seiner Auferstehung begleitet Jesus zwei Jünger auf dem Weg in ihr Dorf Emmaus. Das ist eine Strecke von gut elf Kilometern; für erwachsene, gesunde Männer etwas mehr als ein halber Tagesmarsch. Sie führen während der ganzen Zeit eine rege Unterhaltung. Jesus vermittelt ihnen einen Überblick über die Bibel, angefangen bei den Lehren von Mose bis hin zu den jüngsten Geschehnissen ihrer Zeit. Trotzdem erkennen sie ihn nicht.

Als sie sich dem Dorf nähern, tut Jesus so, als wolle er weitergehen. Wir erfahren nicht, wie er ihnen das vermittelt. Vielleicht zieht er seinen Taschenkalender hervor und murmelt etwas von einem Termin in der nächsten Stadt.

Die Jünger, die nach Emmaus unterwegs waren, hatten jedoch eine andere Idee: „„Bleib doch über Nacht bei uns! Es wird ja schon dunkel.' So ging er mit ihnen ins Haus" (Lukas 24,29).

Es war ein langer Tag. Die beiden Wanderer haben den Kopf voll. Ganz bestimmt gibt es auch in ihrem Leben

Verpflichtungen und Menschen, die eine wichtige Rolle spielen. Doch ihr Wanderkamerad hat in ihren Herzen ein Feuer entfacht und darum laden sie ihn zum Essen ein. Ohne zu wissen, dass ihr Gast Jesus ist, ziehen sie einen weiteren Stuhl hervor, strecken die Suppe mit ein wenig Wasser, bitten ihren Freund, das Brot zu segnen, und als er das tut, „erkannten sie ihn" (Vers 31).

Auch heute noch begegnen wir Menschen auf der Straße. Und manchmal empfinden wir eine eigenartige Wärme, Sympathie. Wir stellen fest, dass uns etwas drängt, ihnen unsere Tür zu öffnen. Lassen Sie uns in diesen Momenten auf unsere innere Stimme hören. Wir können nie wissen, wen wir da zum Essen einladen.

Teilt euer Zuhause gastfreundlich mit anderen, die Essen oder
einen Platz zum Schlafen brauchen. Gott hat jedem von euch
Gaben geschenkt, mit denen ihr einander dienen sollt. Setzt
sie gut ein, damit sichtbar wird, wie vielfältig Gottes Gnade ist
(1. Petrus 4,9–10; NL).

Himmlischer Vater, du hast mir so viel gegeben – jeder Atemzug, den ich mache, ist ein Geschenk aus deiner Hand. Dennoch, so bekenne ich, bleibt meine eigene Hand manchmal fest geschlossen, wenn ich den Nöten anderer Menschen begegne. Bitte öffne sowohl meine Hand als auch mein Herz, damit ich lerne, voller Freude die täglichen Gelegenheiten wahrzunehmen, die du mir eröffnest, um gastfreundlich zu sein. Hilf mir, daran zu denken, Herr, dass ich dir diene, wenn ich „den Geringsten unter ihnen" auf praktische Weise deine Liebe erweise. Und so wie du mir hilfst, mein Herz und meine Hand zu öffnen, bitte ich dich auch, dass du mich dazu bringst, meine Tür für diejenigen zu öffnen, die deine Liebe und Fülle schmecken müssen. Amen.

Kapitel 7

Die Not sehen, den Schmerz lindern

Sie blieben stehen, richteten den Blick auf ihn,
und Petrus sagte: „Schau uns an!" ... Dabei
fasste er den Gelähmten an der rechten Hand
und richtete ihn auf (Apostelgeschichte 3,4.7).

Ein Tor mit dem Namen „Das Schöne". Der Mann aber war alles andere als schön.

Er konnte nicht laufen, sondern musste sich auf Knien vorwärtsschleppen. Er verbrachte seine Tage in einem Heer von echten oder Scheinbettlern, die es auf den Geldbeutel der Beter abgesehen hatten, die zum Tempel kamen.

Darunter Petrus und Johannes.

Der bedürftige Mann sah die Apostel, arbeitete sich zu ihnen vor, hob die Stimme und bettelte um Geld. Sie hatten keins, blieben aber trotzdem stehen. „Sie [...] richteten den Blick auf ihn, und Petrus sagte: ‚Schau uns an!'" (Apostelgeschichte 3,4). Sie sahen ihn so voller Erbarmen an, dass der Gelähmte erwartungsvoll aufblickte: „Würde er etwas von ihnen bekommen?" (Apostelgeschichte 3,5). Petrus und Johannes schauten nicht peinlich berührt zur Seite, zuckten verärgert mit den

Schultern oder rümpften die Nase, sondern sahen den Mann ehrlich an.

Es ist nicht leicht, dem Leid ins Gesicht zu sehen. Würden wir uns nicht lieber abwenden? In eine andere Richtung schauen? Unseren Blick auf schönere Objekte richten? Menschliches Leiden ist ein Anblick, der nur schwer zu ertragen ist. Die staubigen Wangen des pakistanischen Flüchtlings. Die weit aufgerissenen Augen des peruanischen Waisenkinds. Oder das grau melierte Bartwirrwarr des Landstreichers, den Stanley und ich in Pennsylvania trafen.

Stanley Shipp war wie ein Vater für meinen jungen Glauben. Er war dreißig Jahre älter als ich und mit einer Hakennase, schmalen Lippen, einem Kranz von weißen Haaren und einem Herzen so groß wie der Mittlere Westen gesegnet. Auf seiner Visitenkarte, die er nicht nur denen gab, die ihn darum gebeten hatten, stand nichts weiter als: „Stanley Shipp – Wie kann ich Ihnen helfen?"

Das erste Jahr nach dem Studium verbrachte ich unter seinen Fittichen. Einmal fuhren wir zu einer kleinen Gemeinde im ländlichen Pennsylvania, wo eine Konferenz stattfand. Zufällig waren wir gerade die Einzigen im Gebäude, als ein Landstreicher an die Tür klopfte. Seine Alkoholfahne umhüllte ihn wie billiges Parfüm. Er trug sein „Ach-ich-Armer"-Ständchen vor: Für die Arbeit, die man ihm anbot, sei er überqualifiziert. Für Rente nicht bezugsberechtigt. Hatte die Fahrkarte für den Bus verloren. Und einen schlimmen Rücken. Seinen in Kansas lebenden Kindern war er egal. Wenn Schicksalsschläge Rock 'n' Roll wären, stand hier Elvis höchstpersönlich vor uns.

Ich verschränkte die Arme, grinste selbstgefällig und warf Stanley einen von diesen „Jetzt-schau-dir-nur-diesen-Typen-an"-Blicken zu.

Stanley erwiderte meinen Blick jedoch nicht. Im Gegenteil. Er widmete jeden optischen Nerv dem Landstreicher. Mein Mentor sah ihn unverwandt an. Ich weiß noch, dass ich mich fragte: *Wie lange ist es wohl her, dass jemand diesen Kerl so richtig angeguckt hat?*

Irgendwann war die Litanei zu Ende und Stanley führte den Mann in die Küche der Gemeinde. Dort lud er ihm einen Teller mit Essen voll und füllte eine Tüte mit Lebensmitteln.

Während wir zusahen, wie der Landstreicher wieder von dannen zog, blinzelte Stanley eine Träne weg und beantwortete meine nicht ausgesprochenen Gedanken. „Max, ich weiß, dass er wahrscheinlich lügt. Aber was ist, wenn auch nur ein Teil seiner Geschichte stimmt?"

Wir beide hatten den Mann gesehen. Ich hatte gleich durch ihn hindurchgeschaut. Stanley aber sah tief in ihn hinein. Es hat etwas unwahrscheinlich Wohltuendes, wenn jemand sich die Zeit nimmt, einen Menschen wirklich anzusehen.

Der Pharisäer Simon kritisierte Jesus einmal für seine Freundlichkeit gegenüber einer Frau mit fragwürdigem Charakter. Darum stellte Jesus ihn auf die Probe: „*Siehst* du diese Frau?" (Lukas 7,44; NGÜ; Hervorhebung des Autors).

Simon sah sie nicht. Er sah ein Flittchen, ein Straßenmädchen, eine Hure. Doch er sah nicht die Frau.

Was sehen wir, wenn wir …

- die Gestalten unter einer Überführung sehen, die sich aus Pappkartons und einem alten Schlafsack ein „Bett" gezimmert haben?
- die Nachrichtenbeiträge über die Kinder in Flüchtlingslagern sehen?
- Berichte darüber sehen, dass es 1,75 Milliarden Menschen auf dieser Welt gibt, die von weniger als 1,25 Dollar pro Tag leben?[22]

Was sehen wir? „Als [Jesus] die vielen Menschen sah, hatte er großes Mitleid mit ihnen. Sie waren hilflos und verängstigt wie eine Schafherde ohne Hirte" (Matthäus 9,36).

„Mitleid" – dieser Ausdruck ist einer der seltsamsten Begriffe in der Bibel. Im griechischen Lexikon zum Neuen Testament heißt es, dieser Ausdruck bedeute: „bis in die Eingeweide hinein berührt sein … (denn die Eingeweide galten als der Sitz von Liebe und Mitleid)"[23]. Diese Vorstellung stammt aus der *Splanchnologie*, der Lehre von den Eingeweiden. Mitgefühl ist also ein „bis ins Innerstes berührt sein" – ein Tritt in den Magen.

Vielleicht wenden wir uns gerade deshalb ab. Wer kann solch eine Gefühlsaufwallung verkraften? Vor allem, wenn wir nichts an den Zuständen ändern können. Warum sollten wir dem Leid ins Gesicht sehen, wenn wir doch nichts ausrichten können?

Doch was, wenn wir das könnten? Was, wenn unsere Anteilnahme die Schmerzen eines anderen lindern könnte? In unserer Zuwendung liegt die Verheißung einer Veränderung.

Doch Petrus sagte: „Geld habe ich nicht. Aber was ich habe, will ich dir geben. Im Namen Jesu Christi von Nazareth: Steh auf und geh!" Dabei fasste er den Gelähmten an der rechten Hand und richtete ihn auf. In demselben Augenblick konnte der Kranke Füße und Gelenke gebrauchen. Er sprang auf, lief einige Schritte hin und her und ging dann mit Petrus und Johannes in den Tempel. Außer sich vor Freude rannte er umher, sprang in die Luft und lobte Gott (Apostelgeschichte 3,6–8).

Was wäre geschehen, hätte Petrus sich gesagt: „Da ich weder Gold noch Silber habe, halte ich lieber meinen Mund"? Aber das tat er nicht. Er pflanzte seine senfkorngroße Tat (ein Blick und eine Berührung) in den Boden von Gottes Liebe. Und sehen Sie nur, was geschah.

Die große, fleischige Hand des Fischers ergriff die gebrechliche, dünne Hand des Bettlers. Denken Sie an die Sixtinische Kapelle und die Hand Gottes. Eine von oben, die andere von unten. Eine heilige, helfende Hand. Petrus zog den Mann zu sich hoch. Der Verkrüppelte schwankte wie ein neugeborenes Kalb, das erst sein Gleichgewicht finden muss. Es sah ganz so aus, als ob der Mann gleich hinfallen würde, aber das tat er nicht. Er stand. Und als er stand, begann er zu jubeln, und Passanten blieben stehen. Sie blieben stehen und sahen dem Krüppel beim Hopsen zu.

Denken Sie nicht auch, dass er das tat? Vielleicht nicht gleich, zugegeben. Doch nach einem vorsichtigen Schritt und ein paar weiteren wackligen – meinen Sie nicht auch, dass er da ein Tänzchen wagte? Dass er hin und her ging und die Matte schwenkte, auf der er gelebt hatte?

Die Menschenmenge um das Trio wurde immer dichter. Die Apostel lachten, als der Bettler tanzte. Andere Bettler drängten in ihren lumpigen Kleidern und zerrissenen Mänteln zum Ort des Geschehens und forderten lautstark ihren Anteil an dem Wunder.

„Ich will auch Heilung! Berühre mich! Berühre mich!"

Also entsprach Petrus ihrer Bitte. Er eskortierte sie zur Klinik des Großen Arztes und bat sie, Platz zu nehmen. „Und durch den Glauben an seinen Namen hat sein Name diesen, den ihr seht und kennt, stark gemacht ... So tut nun Buße und bekehrt euch, dass eure Sünden getilgt werden, damit die Zeit der Erquickung komme von dem Angesicht des Herrn" (Verse 16.19–20; LÜ).

„Tilgen" ist die Übersetzung eines griechischen Ausdrucks, der so viel heißt wie „auslöschen" oder „vollständig ausradieren". Der Glaube an Christus, erklärte Petrus, führt dazu, dass wir mit einer weißen Weste vor Gott stehen. Was Jesus für die Beine des Gelähmten tat, tut er auch für unsere Seelen. Funkelnagelneu!

Ein anteilnehmender Blick führte dazu, dass jemandem eine Hand helfend entgegengestreckt wurde, was wiederum zu einem Gespräch über die Ewigkeit führte. Was im Namen Gottes getan wird, hat weit über unser irdisches Leben hinaus Bestand.

Lassen Sie uns Menschen sein, die am Tor stehen bleiben. Lassen Sie uns die Leidenden ansehen, bis wir mit ihnen leiden.

Wir wollen nicht vorbeieilen, uns wegdrehen oder den Blick abwenden. Nicht so tun, als ob, oder die Situation beschönigen. Lassen Sie uns das Gesicht betrachten, bis wir die Person wirklich sehen.

Eine Familie aus unserer Gemeinde lebt mit der schmerzlichen Tatsache, dass ihr Sohn obdachlos ist. Er kehrte seinem Elternhaus vor fünfzehn Jahren den Rücken und abgesehen von ein paar Anrufen aus einem Gefängnis haben sie nichts mehr von ihm gehört. Ich durfte die Mutter auf einer Leiterschaftstagung interviewen. Als wir das Gespräch vorbereiteten, fragte ich sie, warum sie bereit war, ihre Geschichte offen zu erzählen.

„Ich möchte, dass die Leute Obdachlose mit anderen Augen sehen. Ich möchte, dass sie nicht länger nur Problemfälle sehen, sondern erkennen, dass Menschen, die auf der Straße leben, die Söhne und Töchter von Müttern sind."

In bestimmten Gegenden Südafrikas, in denen die Zulu leben, grüßen sich die Menschen mit einem Ausdruck, der so viel bedeutet wie: „Ich sehe dich."[24] Veränderung beginnt mit einem aufrichtigen Blick.

Und setzt sich damit fort, dass jemand einem anderen ganz praktisch unter die Arme greift. Ich schreibe dieses Kapitel im schummrigen Licht eines äthiopischen Hotels, nur wenige Kilometer und Stunden von einer modernen Fassung dieser Geschichte entfernt.

Bzuneh Tulema lebt am Ende einer unbefestigten Straße in den trockenen Hügeln von Adama in einem Zwei-Zimmer-Haus aus Betonblöcken mit Lehmfußboden. Es hat vielleicht

30 Quadratmeter. Er hat die Wände hellblau gestrichen und zwei Bilder von Jesus aufgehängt, von denen eines die Unterschrift trägt: „Jesus, the Goos [sic] Shepherd." Als wir ihn besuchten, war die Luft drückend, der Geruch von Kuhdung beißend, und ich wagte nicht, allzu tief einzuatmen, aus Angst, ich könnte eine Fliege verschlucken.

Doch Bzuneh strahlte uns an. Er trug ein Nike-Käppi mit einem verbogenen Schirm, eine rote Windjacke (obwohl es so heiß war wie in einem Hochofen) und ein Lächeln, das den Blick auf unzählige Zahnlücken freigab. Es hat vermutlich noch nie einen König gegeben, der so stolz war auf sein Schloss wie Bzuneh auf seine vier Wände. Und als der 35-Jährige seine Geschichte erzählte, verstand ich auch, warum.

Noch vor zwei Jahren war er ein stadtbekannter Säufer gewesen. Der Alkohol hatte ihn seine erste Ehe gekostet und wäre auch fast schuld gewesen am Scheitern der zweiten. Die Abhängigkeit war so groß, dass er und seine Frau ihre Kinder an Nachbarn abgaben und sich damit abfanden, an Alkoholvergiftung zu sterben.

Doch dann *sah* jemand sie. So wie Petrus und Johannes den Bettler sahen, nahmen Mitglieder einer örtlichen Gemeinde von ihnen Notiz. Sie fingen an, dem Paar Kleidung und Essen zu bringen. Sie luden sie zu Gottesdiensten ein. Bzuneh hatte kein Interesse, seine Frau Bililie schon. Sie nüchterte allmählich aus und dachte über die Geschichte von Christus nach. Über das Versprechen eines neuen Lebens. Über das Angebot einer zweiten Chance. Und sie beschloss, ihr Vertrauen darauf zu setzen.

Bei Bzuneh ging es nicht so schnell. Er trank weiter, bis er ein Jahr darauf eines Abends so schwer stürzte, dass er sich eine Verletzung im Gesicht zuzog, die bis zum heutigen Tag sichtbar ist. Freunde fanden ihn im Rinnstein, brachten ihn in dieselbe Gemeinde und erzählten ihm von Jesus. Seither hat er keinen Tropfen mehr angerührt.

Ihre Armut war jedoch weiterhin ein Problem. Das Paar besaß nichts außer ihrer Kleidung und einer Lehmhütte. Nun kam Meskerem Trango ins Spiel, ein Mitarbeiter von *World Vision*. Wie konnte er Bzuneh, einem genesenden Alkoholiker, helfen, wieder auf die Füße zu kommen? Jobs waren in der Gegend rar gesät. Und wer würde auch schon den stadtbekannten Säufer einstellen wollen? Eine Geldspende war auch nicht die Lösung; das Paar könnte es vertrinken.

Meskerem setzte sich mit Bzuneh zusammen und ging verschiedene Alternativen durch. Schließlich fand er eine Lösung. Kuhdung. Er sorgte dafür, dass Bzuneh über ein Mikrofinanzinstitut von *World Vision* einen Kleinkredit erhielt. Bzuneh schaffte eine Kuh an, baute einen Stall und begann, aus den Kuhfladen Methan und Dünger herzustellen. Bililie kochte mit dem Gas, und er verkaufte den Dünger, und innerhalb eines Jahres hatte er den Kredit zurückgezahlt, vier weitere Kühe gekauft, ein Haus gebaut und seine Kinder zurückgeholt.

„Jetzt habe ich zehn Rinder, dreißig Ziegen, einen Fernseher, einen Kassettenrekorder und ein Handy. Sogar meine Frau hat ein Handy", grinste er. „Und mein Traum ist es, Getreide zu verkaufen."

Alles begann mit einem offenen Blick und einer dargebotenen Hand. Könnte das Gottes Strategie für menschlichen Schmerz sein? Zuerst begegnet ein freundlicher Blick einem verzweifelten. Als Nächstes helfen starke Hände schwachen. Dann das Wunder Gottes. Wir leisten unseren kleinen Beitrag, er einen großen, und das Leben am Schönen Tor hat plötzlich diese Bezeichnung verdient.

Als Jesus aus dem Boot stieg und die vielen Menschen sah, hatte er großes Mitleid mit ihnen; sie waren wie eine Schafherde ohne Hirte (Markus 6,34).

Herr, in der Bibel wirst du „Der, der mich sieht" genannt, und ich weiß, dass deine Augen immer auf mir ruhen, dass sie mich leiten und beschützen, segnen und korrigieren wollen. Aber du hast auch mir Augen gegeben, und ich bitte dich darum, dass du mich dazu befähigst, wirklich zu sehen. Hilf mir, die zu sehen, die du mir in den Weg stellst – sie wirklich zu sehen, mit all ihren Verletzungen, ihren Sehnsüchten, ihren Wünschen, ihren Bedürfnissen, ihren Freuden und ihren Nöten. Und öffne mir nicht nur die Augen, sondern auch die Arme, damit ich ihnen all die Unterstützung und Ermutigung anbiete, die ich zu geben habe. Amen.

Kapitel 8

Verfolgung: Sich darauf einstellen, standhaft bleiben

Noch während Petrus und die anderen Apostel
zu den Leuten sprachen, kamen einige Priester,
der Hauptmann der Tempelwache und ein paar
Sadduzäer auf sie zu (Apostelgeschichte 4,1).

Am 18. April 2007 wurden in der Türkei drei Christen wegen ihres Glaubens umgebracht. Necati Aydin war einer von ihnen. Er war 35 Jahre alt und Pastor in der Stadt Malatya.

An jenem Morgen wäre er beinahe nicht ins Büro gegangen. Er war zehn Tage lang im Reisedienst unterwegs gewesen, und seine Frau Semse bat ihn, zu Hause zu bleiben und sich auszuruhen. Sie machte ihren beiden Kindern Elisha und Esther Frühstück und brachte sie zur Schule. Als sie zurückkam, ging sie auf Zehenspitzen durch die Wohnung, um ihren Mann nicht zu wecken. Trotzdem regte er sich, blinzelte, breitete die Arme aus und gab zu, wie müde er war: „Ich mag heute gar nicht aufstehen."

Trotzdem stand er auf. Es gab so viel zu tun. Nur 0,2 Prozent der überwiegend muslimischen Bevölkerung in der Türkei folgen Jesus nach. Das ist überraschend, wo doch der Apostel Paulus hier seine Sandalenabdrücke hinterlassen hat. Darüber hinaus entstanden hier auch die ersten christlichen Gemeinden. Doch heute? In einer Nation mit knapp 74 Millionen Einwohnern finden sich weniger als 125.000 Christen.[25] Menschen wie Necati haben sich das Ziel gesetzt, dies zu ändern. Er schleppte sich also müde aus dem Bett und machte sich für den Tag fertig.

Immer wieder unterbricht Semse ihre Erzählung, während sie sich an die Ereignisse jenes Morgens zurückerinnert. Die Röte steigt ihr in die runden Wangen. Das dunkle Haar fällt ihr in Wellen in die Stirn. Bis zu diesem Punkt konnte sie ihre Gefühle zurückhalten. Sie hat den Überfall, die Grausamkeit und die harsche Realität, plötzlich als Witwe dazustehen, ohne Tränen geschildert. Doch nun brechen sie sich Bahn. „Mein lieber Mann verließ die Wohnung um 11:00 Uhr. Ich wartete noch, bis er in den Fahrstuhl stieg. Dort lächelte er mir ein letztes Mal zu, aber ich wusste nicht, dass dies sein letztes Lächeln sein würde. Ich werde es nie vergessen …"

Sie seufzt und blickt ins Leere, als ob sie dort ein Gesicht sähe, das nur sie sehen kann. Dann spricht sie weiter: „Das tut weh, weil ich sein Lächeln so vermisse … weil die Sonne nicht aufgeht, wenn er nicht lächelt."

Semse blickt nach unten und gestattet sich ein Schluchzen, doch nur eines. „Dies ist ein bitterer Kelch und wir müssen jeden Tag daraus trinken."

Als Necati in sein Büro kam, hatten seine beiden Kollegen bereits Besuch bekommen: fünf junge Männer, die Interesse am christlichen Glauben bezeugt hatten. Doch die Inquisitoren brachten mehr als nur Fragen mit. Sie hatten auch Waffen, Brotmesser, Stricke und Handtücher dabei.

Die Angreifer schwangen ihre Waffen und befahlen Necati, das islamische Übergabegebet zu sprechen: „Es gibt keinen Gott außer Allah und Mohammed ist sein Prophet."

Als Necati sich weigerte, begann die Folter. Eine qualvolle Stunde lang fesselten, verhörten und verletzten die Mörder die Christen mit ihren Messern. Schließlich, als die Polizei an die Tür hämmerte, schnitten sie ihren Opfern die Kehlen durch. Das letzte Wort, das aus dem Büro schallte, war der Schrei eines unbeugsamen Christen: „Messias! Messias!"[26]

Solche Geschichten lassen uns verstummen. Der Verkehrsstau am Morgen ist nicht länger der Rede wert. Wenn ich mich eine Mikrosekunde lang für einen Mann des Glaubens halte, denke ich an die Märtyrer von Malatya und frage mich: *Würde ich dieses Opfer bringen? Würde ich „Messias! Messias!" rufen? Würde ich mein Leben aufgeben?* Es gibt Tage, da will ich nicht einmal meinen Parkplatz aufgeben.

Die türkischen Pastoren hätten überleben können. Ein einfaches Bekenntnis zu Allah hätte genügt, schon hätten sich die Messer gesenkt, und ihr Leben wäre verschont geblieben. Semse hätte ihren Ehemann und Elisha und Esther hätten ihren Vater behalten. Necati hätte nach Hause zu seiner Familie gehen können. Doch er entschied sich stattdessen, zu Christus zu stehen.

Was hätten Sie getan?

Diese Frage ist keineswegs rein akademischer Natur. Verfolgung ist Realität. Drei viertel aller Christen leben in der Dritten Welt, oft in christenfeindlicher Umgebung. Es gehen mehr Chinesen sonntags zum Gottesdienst als in ganz Westeuropa zusammengenommen. Der Libanon ist zu 39 Prozent christlich; der Sudan zu 5 Prozent; Ägypten zu etwa 10 Prozent.[27]

Viele dieser Menschen gehen für ihren Glauben ein Risiko ein. Vielleicht sind Sie einer von ihnen. Vielleicht sind Sie der einzige Christ an Ihrer irakischen Universität. Vielleicht sind Sie eine arabische Frau, die in der Stille betet, oder ein messianischer Jude, der im Herzen von Jerusalem wohnt.

Vielleicht leben Sie auch in einem Land, in dem offiziell Religionsfreiheit herrscht, in dem Sie im Alltag aber dennoch mit unterschiedlichen Formen geistlicher Unterdrückung konfrontiert sind. Sie haben es vielleicht nicht mit Messerklingen und Terroristen zu tun, aber mit Kritikern und Anklägern. Familienangehörige machen sich über Ihren Glauben lustig. Universitätsprofessoren belächeln Ihre Überzeugungen abschätzig. Klassenkameraden kichern über Ihre Entscheidungen. Kollegen drängen Sie, Kompromisse im Bereich Ihrer Integrität einzugehen. Ein Messer im Nacken? Nein. Aber Druck, Ihre Überzeugungen aufzugeben?

Ich denke da an Maria Dutton, die während meiner Zeit als Missionar in Brasilien meine Portugiesisch-Lehrerin war. Sie wuchs in einer einflussreichen adligen Familie auf. Als sie Christin wurde, enterbte ihr Vater sie. Er kam nicht zu ihrer Hochzeit und besuchte sie nicht an Feiertagen. Jahrelang wollte er nichts mit ihr oder ihren Kindern zu tun haben.

Heidi ist die einzige Christin im Cheerleader-Team an ihrer Highschool. Wenn die anderen nach einem Spiel einen draufmachen, geht sie nach Hause. Wenn sie bei Auswärtsspielen Partys feiern, geht sie ins Hotel. Sie ist die Zielscheibe vieler derber Späße.

Es gibt also noch heute Verfolgung. Petrus und Johannes können ein Lied davon singen. Kaum hatten sie den Gelähmten geheilt, machte man ihnen das Leben schwer. „Noch während Petrus und die anderen Apostel zu den Leuten sprachen, kamen einige Priester, der Hauptmann der Tempelwache und ein paar Sadduzäer auf sie zu. Sie waren empört, weil Petrus und Johannes in aller Öffentlichkeit lehrten, dass es eine Auferstehung der Toten gebe, wie an Jesus deutlich geworden sei" (Apostelgeschichte 4,1–2).

Bis dahin hatte die junge Kirche relativ leichtes Spiel gehabt. Das Pfingstwunder führte dazu, dass sich 3.000 Menschen für ein Leben mit Christus entschieden. Die Kirche war geboren und brachte Taten der Nächstenliebe und des Mitgefühls sowie Gemeinschaft hervor. Ihre guten Taten verliehen ihrer Guten Nachricht Glaubwürdigkeit. Die Zahl der Nachfolger wuchs von 120 auf 3.000 auf über 5.000 Männer an (die Frauen und Kinder nicht mitgerechnet). Die ersten drei Kapitel der Apostelgeschichte sind wie Urlaub. Doch dann kommt das 4. Kapitel. Die Kirche hat die Wöchnerinnenstation kaum verlassen, da marschieren auch schon die Halbstarken auf: Die Priester, der Befehlshaber der Tempelwache und die Sadduzäer kommen auf sie zu (Vers 1).

Ein stämmiger Soldat bahnt sich den Weg durch die Menge. Die schweren Locken hängen ihm bis auf die Schultern. Er hat einen breiten Brustkorb und die muskulösen Beine scheinen

wie aus Eisen gegossen. Auf seiner Brust prangt ein Hoheits-
zeichen und er trägt eine Peitsche in der Hand. Er darf von
Rechts wegen jeden verhaften, der die Tempelgesetze übertritt.
Und er ist gekommen, um für Ordnung zu sorgen.

Die Priester folgen ihm auf dem Fuße. Kaiphas und sein
Schwiegervater Hannas. Sie stehen mit verschränkten Armen
neben dem Befehlshaber der Tempelwache und in ihrem Blick
liegt die implizierte Warnung: „Denkt daran, was wir mit
eurem Messias gemacht haben. Haben die drei Nägel an dem
römischen Kreuz keine deutliche Sprache gesprochen?"

Hannas, der Hohepriester, sieht Petrus mit gerunzelter Stirn
an. Er hat nicht vergessen, was dieser Apostel vor wenigen
Wochen seinem Diener im Garten Gethsemane angetan hat.
Als der Diener und die Soldaten Jesus verhaften wollten, zog
Petrus sein Schwert und „schlug damit Malchus, einem Diener
des Hohepriesters, das rechte Ohr ab" (Johannes 18,10). Jesus
heilte zwar das Ohr, doch der Hohepriester hat diesen Vor-
fall nicht vergessen. Ich sehe Hannas regelrecht vor mir, wie
er an seinem Ohr zupft und droht: „Mit dir habe ich noch ein
Hühnchen zu rupfen, Petrus."

Petrus machen unterdessen vielleicht ebenfalls ein paar Erinnerungen zu schaffen. Nicht nur die Erinnerung an seinen
vorschnellen Angriff, sondern auch an die Tatsache, dass er
davongelaufen ist. Er und die anderen Nachfolger Jesu rannten
wie von der Tarantel gestochen aus dem Garten und überlie-
ßen Jesus allein seinen Feinden. Später in jener Nacht brachte
Petrus zwar genug Loyalität auf, um zur Gerichtsverhandlung
von Jesus zu erscheinen. Doch als man ihn erkannte, wurde er

wieder schwach. Er verleugnete seinen Retter, nicht nur einmal, sondern gleich dreimal.

Bisher steht es also 2:0 für die Verfolger. Petrus hat in jeder Prüfung versagt. Doch diesmal wird es anders sein.

Das Trio bleibt standhaft. Wenn ihre Beine zittern, dann deshalb, weil der Bettler gerade erst Stehen gelernt hat und die Apostel beschließen, nicht davonzurennen.

Erfüllt vom Heiligen Geist antwortete ihnen Petrus: „Ihr führenden Männer und Ältesten unseres Volkes! Wir werden heute vor Gericht gestellt, weil wir einem Kranken geholfen haben. Auf die Frage, wie der Mann hier gesund geworden ist, gibt es nur eine Antwort, und die wollen wir euch und dem ganzen Volk Israel gern geben: Dass dieser Mann geheilt wurde, geschah allein im Namen Jesu Christi von Nazareth. Er ist es, den ihr gekreuzigt habt und den Gott von den Toten auferweckte" (Apostelgeschichte 4,8–10).

Keine Spur von Zerknirschtheit. Ich entdecke einen Hauch von Zynismus („Wir werden heute vor Gericht gestellt, weil wir einem Kranken geholfen haben.") und eine große Portion Verkündigung („… eine Antwort, und die wollen wir euch und dem ganzen Volk Israel gern geben …"). Der Name „Jesus" hätte vollkommen ausgereicht, doch Petrus gebraucht, ohne sich dafür zu rechtfertigen, die Bezeichnung „Jesus Christus von Nazareth". Und dann erklärt er klar, unerschrocken und entschieden: „Nur Jesus kann den Menschen Rettung bringen. Nichts und niemand sonst auf der ganzen Welt rettet sie" (Vers 12).

Hannas und Kaiphas fletschen die Zähne. Der Befehlshaber der Tempelwache ballt die Faust und umfasst die Peitsche etwas fester. Die Augen der Sadduzäer verengen sich zu schmalen Schlitzen. Die Machthaber von Jerusalem funkeln Petrus und Johannes böse an.

Doch diese rühren sich nicht vom Fleck. Was ist mit ihnen geschehen? Als sie diese Soldaten das letzte Mal sahen, nahmen sie die Beine in die Hand. Doch heute bieten sie dem Hohen Rat von Jerusalem die Stirn. Was ist nur in sie gefahren?

Lukas gibt uns die Antwort im Vers 13: „Die Mitglieder des Hohen Rates wunderten sich darüber, wie mutig Petrus und Johannes redeten; wussten sie doch, dass es einfache Leute ohne besondere Bildung waren. Aber sie erkannten die beiden als Jünger Jesu wieder" (Vers 13).

Petrus und Johannes waren mit Jesus zusammen gewesen. Dem auferstandenen Jesus. Im Obergemach, als er durch die Wand hereinkam. Sie standen neben Thomas, als Jesus diesen einlud, die Wundmale zu berühren. Am Strand, als Jesus Fisch briet. Sie hatten 40 Tage lang zu Jesu Füßen gesessen, als er mit ihnen über das Reich Gottes sprach.

Sie hatten eine lange und wunderbare Zeit in der Gegenwart des auferstandenen Königs verbracht. Sie waren mit ihm erwacht, mit ihm unterwegs gewesen. Und deshalb war Schweigen einfach nicht mehr drin. „Wir können unmöglich verschweigen, was wir gesehen und gehört haben!" (Apostelgeschichte 4,20).

Brauchen Sie eine Dosis hochkonzentrierte Kühnheit? Wenn Sie ein Leben führen möchten, das über sich selbst hinausweist, dann bestimmt. Wenn Sie sich nicht bewegen, wird sich auch niemand beschweren. Hunde bellen keine parkenden Autos an. Doch sobald man Gas gibt – sobald man Trunkenheit gegen Nüchternheit eintauscht, Unehrlichkeit gegen Integrität oder Lethargie gegen Mitgefühl –, dann können Sie sich darauf gefasst machen, dass das Gekläffe losgeht. Rechnen Sie damit, kritisiert zu werden. Rechnen Sie damit, dass man sich über Sie lustig macht. Rechnen Sie damit, angefeindet zu werden.

Wie können wir uns darauf vorbereiten? Ganz einfach. Folgen Sie dem Vorbild der Jünger. Verbringen Sie viel Zeit in der Gegenwart Christi. Denken Sie intensiv über seine Gnade nach. Über seine Liebe. Lernen Sie seine Worte auswendig. Blicken Sie ihn an. Reden Sie mit ihm. Wir bekommen Mut, wenn wir mit Jesus unterwegs sind.

Petrus drückte dies folgendermaßen aus: „Und wer sollte euch Böses tun, wenn ihr euch mit ganzer Kraft für das Gute einsetzt? Doch selbst wenn ihr leiden müsst, weil ihr nach Gottes Willen lebt, kann man euch glücklich nennen. Darum fürchtet euch nicht vor dem Leid, das euch die Menschen zufügen, und lasst euch von ihnen nicht einschüchtern. Christus, der Herr, soll der Mittelpunkt eures Lebens sein. Seid immer dazu bereit, denen Rede und Antwort zu stehen, die euch nach eurem Glauben und eurer Hoffnung fragen" (1. Petrus 3,13–15).

Wenn wir über das Leben Christi nachdenken, finden wir die Kraft für unser eigenes. Mir kommt da das Beispiel von Xu Yonghai in den Sinn. Er setzte sich als Christ im kommunistischen China für die Legalisierung von Hauskirchen ein. Daraufhin steckte ihn die Regierung für 24 Monate in ein Gefängnis in Peking. Seine Zelle maß 2 ½ mal 2 ½ Meter. Es gab keine Waschgelegenheit, lediglich ein Rohr in einer Ecke, aus dem unablässig Wasser auf den Zementboden floss.

„Meine Zelle war der letzte Aufenthaltsort für Gefangene, die zum Tode verurteilt worden waren", erzählt er. „Manchmal wurden drei weitere Gefangene mit mir in diesen winzigen, feuchten Raum gesteckt, die dort auf ihre Verabredung mit dem Scharfrichter warteten."

Yonghai überlebte durch Gebet und Meditation – und er schrieb. An die Wände seiner Zelle skizzierte Yonghai die Gliederung eines Buches mit dem Titel „Gott, der Schöpfer". Er schrieb mit Seife Stichpunkte nieder, während er in Gedanken das ganze Buch durchstrukturierte. Nachdem er alles aufgeschrieben hatte, lernte er die Stichpunkte auswendig. Nach seiner Entlassung im Mai 1997 schrieb er sein Buch tatsächlich nieder. Wie Petrus und Johannes verweilte auch Yonghai in der Gegenwart Jesu und wurde dadurch gestärkt. Wir bekommen Mut, wenn wir darüber nachdenken, was Christus vollbracht hat.[28]

Möchten Sie morgen mutig sein? Dann verbringen Sie heute Zeit mit Jesus. Verbringen Sie Zeit mit seinem Wort. Verbringen Sie Zeit mit Menschen, die ihm auch nachfolgen wollen. Verbringen Sie Zeit in seiner Gegenwart. Und wenn die Verfolgung einsetzt (und das wird sie), versuchen Sie, ihr mutig entgegenzutreten. Wer weiß, vielleicht bemerken die Leute ja, dass Sie, wie die Jünger, mit Christus unterwegs sind.

Du weißt, welche Verfolgungen und Leiden ich in Antiochia, in Ikonion und Lystra ertragen musste. Wie unerbittlich hat man mich dort verfolgt! Aber der Herr hat mich aus allen Gefahren gerettet. Doch vergiss nicht: Jeder, der an Jesus Christus glaubt und so leben will, wie es Gott gefällt, muss mit Verfolgung rechnen (2. Timotheus 3,11–12).

Vater, niemand von uns denkt gerne an Verfolgung. Und noch viel weniger möchten wir sie erleben! Und doch warnst du uns in deiner Weisheit und Gnade, dass Verfolgung unausweichlich ist. Du sagst uns das nicht, um uns Angst zu machen, sondern um uns auf das vorzubereiten, was auf uns zukommt – damit wir standhaft bleiben, aber auch, um uns letztlich zu stärken. Damit dies geschehen kann, Herr, brauche ich einen Perspektivwechsel, eine neue Blickrichtung. Hilf mir, die Welt mit deinen Augen zu sehen, indem ich den Blick auf deinen Sohn richte und daran denke, was er am Kreuz trotz aller erlittener Verfolgung vollbracht hat. Welche schwierigen Erfahrungen ich auch mache – Herr, es soll dir zur Ehre dienen und anderen Nachfolgern Jesu helfen, die selbst ebenfalls Verfolgung erleben werden. Amen.

Kapitel 9

Gutes tun – in aller Stille

Ein Mann namens Hananias verkaufte zusam-
men mit seiner Frau Saphira ein Grundstück.
Sie beschlossen aber, heimlich einen Teil des
Geldes für sich zu behalten. Den Rest brachte
Hananias zu den Aposteln
(Apostelgeschichte 5,1–2).

Das Paar saß am Küchentisch und starrte auf den Scheck über
15.000 Dollar. Das Schweigen war im Grunde nur eine Ver-
schnaufspause, denn während der letzten halben Stunde hatten sie zwölf Runden verbaler Kinnhaken und Geraden hinter
sich gebracht. Sie gab ihm die Schuld an dem ganzen Dilemma.
„Du musstest das Geld natürlich weggeben!?"

Er fauchte zurück: „Du hast dich doch auch nicht beschwert,
als dir alle in der Gemeinde Beifall geklatscht haben, oder?"

„Wer hätte auch gedacht, dass dieses Stückchen Land einen
solchen Preis erzielen würde?"

Hananias hatte tatsächlich nicht damit gerechnet, 15.000
Dollar zu bekommen. Höchstens 10.000 Dollar. Und mindestens 8.000 Dollar. Aber 15.000 Dollar für ein unerschlossenes

Stück Land an einer einspurigen Straße südlich von Jerusalem? Er hatte das Grundstück von seinem Onkel Ernie geerbt, der dem Testament noch eine Notiz beigefügt hatte: „Behalte das Stück Land, Hanny. Man kann nie wissen. Wenn die Straße auf vier Spuren erweitert wird, hast du ein kleines finanzielles Polster."

Hananias hatte sich an den Rat gehalten, die Besitzurkunde in einem Tresor verwahrt und nicht mehr daran gedacht, bis seine Frau von der großzügigen Spende des Barnabas Wind bekam.

„Er hat seine Eigentumswohnung an der Strandpromenade verkauft und das Geld der Gemeinde gegeben."

„Du machst wohl Witze!? Die Wohnung in Jaffa?"

„Das habe ich jedenfalls gehört."

„Mann o Mann, das ist eine absolute Premiumimmobilie."

Hananias kannte Barnabas aus dem Rotary Club. Aber eigentlich kannte jeder Barnabas. Der Typ hatte mehr Freunde als der Tempel Priester. Hananias konnte nicht umhin zu bemerken, in welchem Ton die Menschen über Barnabas' Spende redeten. Respektvoll. Voller Bewunderung. *Es wäre schon schön, wenn die Leute uns auch so bewundern würden.*

Also sprach er mit Saphira über den Acker. „Wir werden sowieso niemals dort bauen. Ich bin mir sicher, dass wir dafür 8.000 Dollar bekommen. Lass uns das Geld der Gemeinde spenden."

„Alles?"

„Warum nicht?"

Sie hätten es besser einfach nur getan, hätten besser ihren Mund gehalten und das Geld stillschweigend gespendet. Sie hätten keiner Menschenseele davon erzählen müssen. Doch Hananias konnte sein Mundwerk noch nie gut im Zaum halten.

Während des darauffolgenden Gottesdienstes gab der Apostel Petrus den Menschen die Gelegenheit, ein Zeugnis zu geben und Gebetsanliegen zu äußern. Hananias sprang auf und eilte nach vorne.

„Saphira und ich sind unsagbar gesegnet worden, seit wir diese Gemeinde hier besuchen. Wir möchten uns dafür bedanken. Wir werden einen Acker verkaufen und möchten den Gesamterlös dem Witwenfonds zugutekommen lassen."

Die Gemeindeversammlung – mehrere Tausend Mitglieder stark – brach in Beifall aus. Hananias bedeutete Saphira zu winken ... was sie dann auch tat. Sie erhob sich, drehte sich einmal um die eigene Achse und warf Hananias eine Kusshand zu. Er erwiderte die Geste und wandte sich dann an Petrus, um ihm grüßend zuzunicken. Doch Petrus erwiderte sein Lächeln nicht. Hananias beschloss, sich nicht viel dabei zu denken, und kehrte an seinen Platz zurück. Am Abend rief er einen Grundstücksmakler an und bot das Grundstück zum Verkauf an. Er schlief mit dem Gedanken ein, dass man vielleicht einen Flügel der Gemeinde nach ihm benennen würde.

Onkel Ernie hatte mit seiner Ahnung, dass die Straße verbreitert werden würde, goldrichtig gelegen. Zwei Grundstückserschließer hatten Interesse am Acker. Keiner zuckte mit der Wimper, als das Gebot bei 10.000 Dollar lag. Am Ende der

Verhandlungen hatte das Paar einen Scheck über 15.000 Dollar in der Tasche.

Und so saßen sie nun schweigend am Küchentisch. Saphira rührte in ihrem Kaffee. Hananias starrte auf den Scheck. Saphira kam als Erste auf die Idee.

„Was wäre, wenn wir einfach sagen, dass wir das Grundstück für 10.000 Dollar verkauft haben?"

„Was?"

„Es muss doch keiner wissen, wie viel es tatsächlich war."

Hananias dachte einen Moment nach. „Ja, wir lassen die Leute in dem Glauben, dass der Verkaufspreis 10.000 Dollar betragen hat. Auf diese Weise wird man uns für die Spende danken und wir behalten noch etwas Geld übrig und können uns irgendetwas Besonderes leisten."

Sie lächelte. „Wie etwa eine Anzahlung von 5.000 Dollar für eine Eigentumswohnung in Jaffa?"

„Das kann ja nicht schaden."

„Aber ganz und gar nicht."

Und so stand Hananias am darauffolgenden Sonntag wieder vor der Gemeinde. Er wedelte mit einem Scheck und verkündete: „Wir haben das Grundstück für 10.000 Dollar verkauft!", dann legte er den Scheck in den Korb für die Kollekte. Er sonnte sich in dem Applaus; bedeutete Saphira aufzustehen. Was sie auch tat.

Sie dachten, ihre Täuschung sei geglückt.

Am Sonntagnachmittag bestellten die Apostel Hananias dann zu einem Gespräch.

„Sie wollen uns sicherlich danken", sagte er zu Saphira, während er seinen Schlips festzog. „Sie fragen sich vermutlich, ob wir etwas dagegen hätten, wenn sie uns zu Ehren ein Festmahl geben."

„Von mir aus gerne", versicherte sie.

Er lächelte und trat aus der Tür, ohne zu ahnen, dass er nicht wieder zurückkommen würde.

Lukas zufolge dauerte das Treffen gerade so lange, dass Petrus vier Fragen stellen und ein Urteil verkünden konnte.

Frage Nr. 1: „‚Hananias', fragte er, ‚warum hast du es zugelassen, dass der Satan von dir Besitz ergreift? Warum hast du den Heiligen Geist betrogen und einen Teil des Geldes unterschlagen?'" (Apostelgeschichte 5,3). So viel zum Thema „Geheimhaltung". Die Apostel bezeichnen die List des Paares als das, was es war: finanzieller Betrug.

Frage Nr. 2: „Niemand hat dich gezwungen, das Land zu verkaufen. Es war dein Eigentum" (Vers 4). Niemand hatte das Paar gezwungen, das Grundstück zu verkaufen. Sie handelten aus freien Stücken.

Frage Nr. 3: „Sogar das Geld hättest du behalten können" (Vers 4). Das Paar hätte sich jederzeit noch umentscheiden oder die Höhe ihrer Spende ändern können. Sie waren nicht deshalb schuldig, weil sie einen Teil des Erlöses behalten hatten, sondern weil sie so getan hatten, als ob sie alles gegeben hätten. Sie wollten, dass es nach einem Opfer aussah, ohne ein Opfer zu sein.

Frage Nr. 4: „Was hat dich nur dazu gebracht, so zu handeln?" (Vers 5; NGÜ). Dieses Täuschungsmanöver war nicht das Ergebnis eines spontanen Fehltrittes, sondern ein geplanter, vorsätzlicher Betrug. Hananias wollte die Gemeinde mit voller Absicht hinters Licht führen. War ihm denn nicht klar, dass er damit Gott belog?

Petrus machte dies mit dem folgenden Urteil klar: „‚Du hast nicht Menschen betrogen, sondern Gott selbst.‘ Nach diesen Worten brach Hananias tot zusammen" (Verse 4–5).

Der Leichnam von Hananias war bereits in Tücher gehüllt und begraben, ehe Saphira auch nur ahnen konnte, was geschehen war. Als sie zur Tür hereinkam, erwartete sie von Petrus ein Wort des Dankes. Petrus gab ihr jedoch stattdessen die Chance, reinen Tisch zu machen.

„Ist das hier die ganze Summe gewesen, die ihr für euren Acker bekommen habt?" (Vers 8). („Na komm schon, Saphira, sag die Wahrheit. Dir steht das Wasser bis zum Hals. Jetzt nur keine Ausflüchte, dann wirst du dein Leben auch nicht verlieren.")

Denkste. „Ja, diese Summe haben wir bekommen."

„Warum habt ihr beiden beschlossen, den Geist des Herrn herauszufordern? Sieh doch, die Männer, die deinen Mann begraben haben, kommen gerade zurück. Sie werden auch dich hinaustragen" (Verse 9).

Während sie die tote Saphira zu ihrem Ehemann hinaus auf den Friedhof tragen, schütteln wir den Kopf. Wagen wir es, das laut auszusprechen, was uns im Stillen beschäftigt? Stellen wir die Frage, die uns allen auf der Seele brennt? Da niemand sonst die Frage stellen will, tue ich es eben.

War das wirklich nötig?

Hananias und Saphira hatten Strafe verdient, ohne Frage. Sie

hatten eine empfindliche Strafe verdient. Aber gleich die To-
desstrafe? Ist das Strafmaß dem Verbrechen angemessen? Was
sie getan hatten, war schlimm, aber war es denn *so* schlimm?

Lassen Sie uns darüber nachdenken. Was genau hatten sie
getan?

Sie benutzten die Gemeinde, um sich selbst in ein gutes
Licht zu stellen. Sie nutzten Gottes Familie zu ihrem persönlichen Vorteil. Sie versuchten, eine Gemeinde in eine Bühne zu
verwandeln, über die sie stolzieren konnten.

Gott hat ein starkes Wort für derlei Verhalten: *Heuchelei.*
Wenn Jesus es gebrauchte, gingen die Leute in Deckung. Er
prügelte mit den folgenden Worten auf die Pharisäer ein:

> *Mit allem, was sie tun, stellen sie sich zur Schau. Am Arm tra-*
> *gen sie breite Gebetsriemen und an den Gewändern riesige*
> *Quasten. Bei euren Festen wollen sie die Ehrenplätze bekom-*
> *men, und auch in der Synagoge sitzen sie stets in der ersten*
> *Reihe. Es gefällt ihnen, wenn man sie auf der Straße ehr-*
> *furchtsvoll grüßt und „Meister" nennt ... Wehe euch, ihr Pha-*
> *risäer und Schriftgelehrten! Ihr seid Heuchler! Durch euch*
> *wird anderen der Zugang in die neue Welt Gottes versperrt ...*
> *Wehe euch, ihr Schriftgelehrten und Pharisäer! Ihr Heuchler!*
> *Ihr poliert eure Becher und Schüsseln außen auf Hochglanz,*
> *so wie das Gesetz es erfordert. Doch gefüllt sind sie mit dem,*
> *was ihr in eurer maßlosen Gier anderen abgenommen habt*
> (Matthäus 23,5–7.13–14.25).

Für keine andere Menschengruppe hatte Jesus jemals so harte Worte parat. Doch wenn er die religiösen Heuchler sah, schaltete er den Scheinwerfer an und brachte jedes Muttermal und jeden Pickel der Selbstgerechtigkeit ans Licht. „Sie beten gern in den Synagogen und an den Straßenecken, um gesehen zu werden" (Matthäus 6,5).

Dies ist die Arbeitsdefinition für „Heuchelei": „um gesehen zu werden". Das griechische Wort für Heuchler, *hypokrisis*, bedeutete ursprünglich „Schauspieler". Im ersten Jahrhundert trugen die Schauspieler Masken. Ein Heuchler ist demzufolge jemand, der eine Maske aufsetzt, ein falsches Gesicht, und nach außen hin ein Bild von sich vermittelt, das nicht dem realen Selbst entspricht.

Jesus sagte nicht: „Ihr sollt keine guten Werke tun." Auch hat er nicht gelehrt: „Lasst niemanden eure Werke sehen." Wir sollen gute Werke tun, und manche Werke, wie etwa Wohlfahrt oder Lehre, müssen bemerkt werden, um wirksam zu sein. Wir müssen also eine Unterscheidung treffen: Gutes tun ist gut. Gutes tun, um gesehen zu werden, nicht. Ja, Gutes tun, um gesehen zu werden, ist ein schweres Vergehen. Und zwar aus folgendem Grund:

Wenn Heuchelei im Spiel ist, wenden sich Menschen von Gott ab. Wenn Menschen, die sich nach Gott sehnen, in eine Gemeinde voller Möchtegern-Superstars geraten, was geschieht dann? Wenn Menschen, die auf der Suche nach Gott sind, Sänger sehen, die herumstolzieren wie Entertainer in Las Vegas... Wenn sie hören, wie der Prediger – ein Mann mit aalglattem Redestil, Haar und Aufzug – den Leuten nach dem Mund redet und Gott außen vor lässt … Wenn Gottesdienstbesucher sich kleiden, um gesehen zu werden, und viel Lärm um ihre Spenden und Gaben machen … Wenn Menschen eine Kirche betreten, um Gott zu sehen, aber Gott vor lauter Kirche nicht sehen können, dann brauchen Sie nicht zu glauben, dass das Gott kalt lässt. „Seid besonders vorsichtig, wenn ihr versucht, gut zu sein, damit ihr daraus keine Show macht. Das mag zwar gutes Theater sein, doch der Gott, der euch geschaffen hat, wird nicht applaudieren" (Matthäus 6,1; The Message).

Wenn Heuchelei im Spiel ist, wenden sich Menschen von Gott ab. Darum duldet Gott auch keinerlei Verstöße dieser Art. Die kalten, leblosen Leichen des betrügerischen Paares sollten uns eine Warnung sein. Lassen Sie uns Heuchelei genauso ernst nehmen, wie Gott das tut. Wie soll das gehen?

Erwarten Sie keinen Dank für gute Taten. Wenn niemand Notiz davon nimmt, seien Sie nicht enttäuscht. Wenn es doch jemand bemerkt, geben Sie den Dank an Gott weiter.

Stellen Sie sich die folgende Frage: „Wenn niemand von dem Guten wüsste, das ich tue, würde ich es dann immer noch tun?" Falls das nicht der Fall ist, dann tun Sie es, um von anderen gesehen zu werden.

Machen Sie Geldspenden diskret. Geld weckt die Eitelkeit in uns. Wir lassen uns gern beim Geldverdienen zuschauen. Und wir lassen uns gern beim Geldspenden zuschauen. Darum gilt: „Wenn du also etwas spendest, dann tu es so unauffällig, dass deine linke Hand nicht weiß, was die rechte tut" (Matthäus 6,3; GN).

Stellen Sie keine aufgesetzte Geistlichkeit zur Schau. Wenn Sie einen Gottesdienst besuchen, dann wählen Sie Ihren Sitzplatz nicht danach aus, wo man am besten gesehen wird, und singen Sie auch nicht, um von anderen gehört zu werden. Wenn Sie beim Lobpreis die Hände heben, heben Sie heilige Hände, nicht affektierte. Wenn Sie reden, spicken Sie Ihr Vokabular nicht mit den gerade angesagten frommen Ausdrücken. Von kaum etwas anderem wird einem so schlecht wie von einem gekünsteltem „Preiset den Herrn" oder einem hohlen „Halleluja" oder einem geheuchelten „Ehre sei Gott".

Kurz gesagt: Machen Sie aus Ihrem Glauben keine Show. „Guck mal! Guck mal!" ist ein Ruf, der auf dem Spielplatz üblich ist, aber nicht im Reich Gottes. Bringen Sie die Trompeten zum Verstummen. Sagen Sie die Parade ab. Schluss mit der Wichtigtuerei. Wenn Sie mit Lob überhäuft werden, weisen Sie es höflich zurück. Merzen Sie das Verlangen aus, beachtet zu werden. Wecken Sie stattdessen das Verlangen, Gott zu dienen.

Nehmen Sie sich den Rat Christi zu Herzen: „Reinigt eure Becher erst einmal von innen, dann werden sie auch außen sauber sein" (Matthäus 23,26). Konzentrieren Sie sich auf das Innere, dann wird das Äußere automatisch folgen. Prüfen Sie täglich, stündlich Ihre Motive im Licht Gottes. „Durchforsche mich, o Gott, und sieh mir ins Herz, prüfe meine Gedanken und Gefühle! Sieh, ob ich in Gefahr bin, dir untreu zu werden, dann hol mich zurück auf den Weg, der zum ewigen Leben führt!" (Psalm 139,23–24).

Tun Sie ruhig Gutes. Aber tun Sie es nicht, um Beachtung zu finden. Sie wissen ja, Gutes zu tun muss nicht immer guttun.

Wenn du also etwas spendest, dann tu es so unauffällig, dass deine linke Hand nicht weiß, was die rechte tut. Dein Vater, der auch das Verborgene sieht, wird dich dafür belohnen (Matthäus 6,3–4; GN).

Herr, du sagst in deinem Wort ganz deutlich, dass du Heuchelei hasst, vor allem, weil andere sich deshalb von dir abwenden. Darum bitte ich dich, Vater, dass du meine Neigung, für all das Gute, das ich tue, nach Anerkennung zu streben, in die Schranken weist. Ich möchte kein Schwindler sein und auch niemand, dem es nur um den Beifall der anderen geht. Erfülle mich mit deinem Geist, und lehre mich, seinem Beispiel zu folgen und fröhlichen Herzens alle Ehre deinem Sohn zu geben. Amen.

Kapitel 10

Für die Habenichtse eintreten

Die griechischen Juden beklagten sich darüber,
dass ihre Witwen bei der täglichen Versorgung
benachteiligt würden (Apostelgeschichte 6,1).

Jim Wallis rückte seiner Bibel mit der Schere zu Leibe. Er studierte an der *Trinity Evangelical Divinity School* und hatte beschlossen, gemeinsam mit einigen Kommilitonen ein paar Verse zu entfernen. Alle 66 biblischen Bücher kamen unters Messer, angefangen beim 1. Buch Mose bis hin zur Offenbarung. Jeder Vers, in dem es um Armut, Reichtum, Gerechtigkeit oder Unterdrückung ging, wurde herausgeschnitten. Die Studenten wollten sehen, wie eine erbarmungslose Bibel aussah. Als sie fertig waren, lagen fast 2.000 Verse auf dem Boden und übrig blieb ein zerfleddertes Buch voller zerschnittener Seiten.[29]

Wer die Sorge um die Armen aus der Bibel herausschneidet, schneidet ihr das Herz heraus. Gott macht die Armen zur Chefsache. Wenn der Hungrige betet, hört er zu. Wenn ein Waisenkind weint, sieht er das. Und als die Witwen in Jerusalem vernachlässigt wurden, beauftragte er seine besten und klügsten Jünger damit, ihnen zu helfen.

Die Gemeinde war rasant gewachsen, und damit waren auch Bedürftige hinzugekommen, und unter diesen Bedürftigen befanden sich Witwen. Sie hatten kein Einkommen. Mit ihren Ehemännern hatten sie auch ihre finanzielle Absicherung begraben. Staatliche Unterstützung? Betriebsrente? Witwenhäuser? Das gab es alles nicht. Zur damaligen Zeit bildete die Großfamilie das soziale Netz. Doch Christen wurden aus der Verwandtschaft ausgeschlossen, und so hatten die Witwen aus der Gemeinde nur eine Stelle, an die sie sich wenden konnten: die Gemeinde. Deshalb wurde eine tägliche Versorgung mit Essen, Kleidung und Geld eingerichtet.

Und schon gab es die ersten Probleme.

In dieser Zeit wuchs die Gemeinde rasch. Dabei kam es zu Schwierigkeiten zwischen den Juden, die griechisch sprachen, und denen mit hebräischer Muttersprache. Die griechischen Juden beklagten sich darüber, dass ihre Witwen bei der täglichen Versorgung benachteiligt würden (Apostelgeschichte 6,1).

Die griechischsprachigen Witwen wurden benachteiligt. Warum? Sie waren Außenseiter. Einwanderer. Diese Frauen waren nicht in Judäa oder Galiläa aufgewachsen. Sie stammten aus dem fernen Griechenland, Rom und Syrien. Wenn sie überhaupt Aramäisch sprachen, dann mit Akzent.

Folglich wurden sie „bei der täglichen Versorgung benachteiligt". Der „Essen auf Rädern"-Wagen fuhr an ihren Häusern vorbei. Der Leiter der Suppenküche behandelte die hebräischen Frauen bevorzugt. Der Direktor der Lebensmittelbank ordnete

Anfragen nach zwei Kategorien: Einheimische und Einwanderer.

Was tat die Gemeinde daraufhin? Ich stelle mir vor, dass die Apostel eine Sitzung einberiefen, ein Kreis bärtiger Gesichter: Andreas, Johannes, Petrus, Thomas und die anderen. Sie hatten die Beschwerden der Frauen gehört und dachten über verschiedene Lösungsmöglichkeiten nach. Sie hätten sie als irrelevant abtun können. Sie hätten die Bedürftigen ignorieren, die Vernachlässigten vernachlässigen können. Schließlich waren die Apostel geistliche Leiter. Sie sorgten für das geistliche Wohl der Menschen und nicht das leibliche. Sie beschäftigten sich mit Schuld und Sühne, nicht mit Sandalen und Suppe. Könnten sie also die Ungleichheit nicht als Bagatelle abtun? Das könnten sie, aber dann gibt es ein Problem: Ihr Herr tat das nicht.

In seiner ersten Ansprache machte Jesus unmissverständlich klar, wie sehr ihm die Armen am Herzen lagen. Er kehrte zu Beginn seines öffentlichen Wirkens in seine Heimatstadt Nazareth zurück, um eine Art Antrittsrede zu halten. Er betrat dieselbe Synagoge, in die er schon als junger Mann gegangen war, und blickte in die Gesichter der Dörfler. Es waren einfache Leute: Steinmetze, Tischler und Handwerker. Sie lebten von geringen Löhnen im Schatten römischer Unterdrückung. In Nazareth gab es nicht viel Positives zu berichten.

Doch dieser Tag war anders. Jesus war in der Stadt. Der Junge aus der Nachbarschaft, der ganz groß herausgekommen war. Sie baten ihn um die Schriftlesung und er willigte ein. Man „reichte […] ihm die Buchrolle des Propheten Jesaja.

Jesus öffnete sie, suchte eine bestimmte Stelle und las vor" (Lukas 4,17).

Dies ist die einzige Begebenheit dieser Art in allen vier Evangelien. Jesus hat die Schrift oftmals *zitiert*. Doch dass der Sohn Gottes Verse aus der Heiligen Schrift auswählt und vorliest? Hier haben wir es. Und welchen Vers wählte er bei dieser einzigen uns bekannten Begebenheit aus? Er rollte die Schriftrolle auf, bis er fast das Ende des Textes erreicht hatte, und las: „Der Geist des Herrn ruht auf mir, weil er mich berufen hat. Er hat mich gesandt, den Armen die frohe Botschaft zu bringen. Ich rufe Freiheit aus für die Gefangenen" (Lukas 4,18, der Jesaja 61,1 zitiert).

Jesus hob den Blick und zitierte den Rest der Worte. Seine Zuhörer, die diese Worte genauso liebten wie er, sprachen die Zeilen tonlos mit. „... den Blinden sage ich, dass sie sehen werden, und den Unterdrückten, dass sie bald von jeder Gewalt befreit sein sollen. Ich rufe ihnen zu: Jetzt erlässt Gott eure Schuld" (Lukas 4,18–19).

Jesus hatte eine Zielgruppe. Die Armen. Die Menschen, deren Herz gebrochen war. Gefangene. Die Blinden und Unterdrückten.

Seine To-do-Liste? Hilfe für Leib *und* Seele, Kraft für das Physische *und* das Geistliche, Therapie für das Zeitliche *und* das Ewige. „Dies ist meine Mission", erklärte Jesus. Das Nazareth-Manifest.

Predigt den Armen die Gute Nachricht.

Heilt, die zerbrochenen Herzens sind.

Verkündet den Gefangenen, dass sie frei sein sollen.

Verkündet den Blinden, dass sie sehen werden.

Befreit die Unterdrückten.

Und erzählt allen, dass Gott ihnen ihre Schuld erlässt.

In einigen Bibelübersetzungen ist in Vers 19 auch vom „Jahr der Gnade des Herrn" die Rede. Das beschreibt möglicherweise besser als jeder andere Ausdruck, wie kompromisslos Jesus sich die Anliegen der Armen auf die Fahnen geschrieben hatte. Dieser Ausdruck erinnert an das Erlassjahr, ein zweimal im Jahrhundert stattfindende Fest, das dazu dienen sollte, in der Abwärtsspirale der Armut „auf Los zurückzugehen". Vom Versöhnungstag an sollten alle Felder ruhen. Jegliche Landwirtschaft war verboten. Das Brachland konnte sich von 49 Jahren des Säens und Erntens erholen.

Darüber hinaus wurden alle Sklaven freigelassen. Jeder, der in die Sklaverei verkauft worden war oder der sich selbst als Sklave verdingt hatte, um seine Schulden zu begleichen, wurde freigelassen. Seine Leibeigenschaft war beendet.

Und damit nicht genug. Neben dem Acker-Sabbatjahr und der Sklavenbefreiung wurden auch noch alle Besitztümer ihren ursprünglichen Besitzern zurückgegeben. In dieser landwirtschaftlichen Gesellschaft war Land das Kapital. Familien konnten ihr Land durch Unglücke, Krankheit oder auch durch Faulheit verlieren. Die Einrichtung des Erlassjahrs sorgte dafür, dass jede Familie wenigstens zweimal im Jahrhundert die Chance hatte, wieder auf die Füße zu kommen.

Man stelle sich einmal vor, welche Auswirkungen dieser Erlass hatte. Eine Dürre zerstört die Ernte eines Landwirts und führt dazu, dass die Familie verarmt. Um zu überleben, beschließt der Bauer, seinen Besitz zu verkaufen und sich als Tagelöhner zu verdingen. Ein gewiefter Investor fällt wie ein Heuschreckenschwarm über die Region her und kauft sowohl diesen als auch den benachbarten Hof. Binnen kürzester Zeit hat der Investor ein Monopol und dem Bauern bleibt nichts übrig als zu beten.

Doch dann kommt das Erlassjahr, das ein Geisteswissenschaftler einmal als eine „regelmäßig stattfindende Revolution"[30] bezeichnet hat. Gott mischt die sozialen Karten neu und jeder kann wieder von vorne anfangen. Diese Vorschrift sollte eine fest zementierte Unterschicht aus Armut und Sklaverei verhindern. Es konnte immer noch Reiche geben, sehr Reiche, aber sie konnten ihren Reichtum nicht auf Kosten der ganz Armen anhäufen.

Soweit wir wissen, kam das Erlassjahr in Israel nicht ein einziges Mal zur Anwendung. Dennoch spielt Jesus in seiner Antrittsrede darauf an. Welchen Rückschluss lässt das auf das zu, was Gott wichtig ist? Zumindest den folgenden: Er schätzt ausgeglichene Verhältnisse. In seiner Gesellschaft sollen die Viel-Besitzenden und die Wenig-Besitzenden niemals so weit voneinander entfernt sein, dass sie einander nicht mehr sehen können.

Können sie einander heutzutage sehen?

Nicht sonderlich gut. In dem UN-Weltbericht zur menschlichen Entwicklung (UNDP) heißt es, dass drei Viertel des weltweiten Einkommens 20 Prozent der Weltbevölkerung zur Verfügung stehen.[31] Statistiken sind manchmal etwas unpersönlich, versuchen wir es also einmal mit einem Bild.

Zehn Milchbauern leben in demselben Tal. Zusammen besitzen sie zehn Kühe. Doch die Kühe sind nicht gleichmäßig unter den Bauern aufgeteilt – mit anderen Worten: Nicht jeder Bauer besitzt eine Kuh. Die Verteilung sieht eher so aus: Zwei der Bauern besitzen acht Kühe und die anderen acht Bauern teilen sich zwei Kühe. Ist das denn gerecht?

Die beiden mit den acht Kühen sagen vermutlich: „Ich habe hart für meine Kühe gearbeitet." Oder: „Es ist nicht meine Schuld, dass wir mehr Kühe haben." Vielleicht sollten wir es einmal mit der folgenden Frage versuchen: Warum haben so wenige von uns so viel und die meisten von uns so wenig?

Ich habe fast einen ganzen Vormittag über diese Frage nachgedacht, als ich mich auf Dadhis Farm in Äthiopien aufhielt. Dadhi ist ein tüchtiger Ehemann und Vater, aber er hat es nicht leicht. Seine Lehmhütte würde spielend in meine Garage passen. Die handgewebten Körbe seiner Frau zieren die Wände. Strohmatten liegen aufgerollt an den Seitenwänden und warten auf den Einbruch der Nacht, wenn alle sieben Familienmitglieder auf ihnen schlafen werden. Dadhis fünf Kinder lächeln oft und umarmen herzlich. Sie wissen nicht, wie arm sie sind.

Dadhi schon. Er verdient weniger als einen Dollar pro Tag auf einer benachbarten Farm. Er würde gern sein eigenes Land beackern, wenn sein Ochse nicht an einer Seuche gestorben wäre. Sein einziger. Ohne Ochse kann er aber nicht pflügen. Ohne ein gepflügtes Feld kann er nichts aussäen. Wenn er nichts aussäen kann, kann er auch nichts ernten.

Er bräuchte nur einen Ochsen.

Dadhi ist engagiert und fleißig. Er hat ein Handwerk gelernt und ist seiner Frau treu. Er hat keine Verbrechen begangen. Die Nachbarn respektieren ihn. Er wirkt genauso intelligent wie ich, eher intelligenter. Er und ich haben dieselben Hoffnungen und Träume. Ich habe einmal eine Tabelle mit unseren vielen gemeinsamen Eigenschaften aufgestellt.

Eigenschaften	Dadhi	Max
körperlich fähig	■	■
arbeitswillig	■	■
hat eine Berufsausbildung	■	■
liebt die Familie	■	■
weder alkohol- noch drogensüchtig	■	■
guter Ruf	■	Das müssen Sie beurteilen.

Wir haben viele Gemeinsamkeiten. Woher kommen dann die Unterschiede? Warum muss Dadhi ein Jahr für den Betrag arbeiten, den ich mal eben so für ein Sakko ausgeben kann?

Eine Teilantwort auf diese komplexe Frage lautet: Er ist am falschen Ort zur Welt gekommen. Er ist, wie Bono sagte, „ein Breitengradpechvogel"[32]. Ein Breitengrad ohne Arbeitslosenversicherung, Arbeitsunfähigkeitsrente, BAFöG, Sozialversicherungssystem und staatliche Unterstützung. Ein Breitengrad fast völlig ohne Büchereien, Impfungen, sauberes Trinkwasser und geteerte Straßen. Ich bin in den Genuss von all dem gekommen. Dadhi hat nichts davon bekommen.

Viele von uns, die es bis ins Ziel geschafft haben, sind – bildlich gesprochen – bereits auf halber Strecke zur Welt gekommen. Andere dagegen gehören noch nicht einmal zur Mannschaft.

Man muss gar nicht 16 Stunden mit dem Flugzeug fliegen, um einen oder zwei Dadhis zu finden. Sie leben in dem Therapiezentrum, an dem Sie auf dem Weg zur Arbeit vorbeikommen, sie kommen beim Arbeitsamt an der Ecke zusammen. Es sind die Armen, die Menschen mit gebrochenem Herzen, die Gefangenen und Blinden.

Manche Menschen sind arm, weil sie faul sind. Sie müssen ihren Hintern hochkriegen. Andere sind jedoch arm, weil sie von Parasiten geschwächt sind, weil sie jeden Tag sechs Stunden damit zubringen, Wasser zu holen, weil Rebellenarmeen ihre Häuser und Höfe zerstörten oder weil Aids ihre Eltern hinweggerafft hat.

Würde solchen Menschen nicht hin und wieder ein Erlassjahr guttun?

Ganz bestimmt. Also ...

Lassen wir erstens die Kirche für die Armen eintreten. Die Apostel taten genau das. „Deshalb riefen die zwölf Apostel die ganze Gemeinde zusammen" (Apostelgeschichte 6,2). Sie riefen eine Vollversammlung ein. Das Problem der ungleichen Verteilung sollte von der gesamten Gemeinde diskutiert werden. Die Gemeindeleiter wollten dafür sorgen, dass jedes Gemeindeglied wusste, dass diese Gemeinde Armut ernst nahm. Das Problem der Armut wird letztendlich nur durch die Barmherzigkeit von Gottes Bodenpersonal gelöst werden können.

Die Bibel propagiert keinen aufgezwungenen Kommunismus, sondern die geistgeleite Freiwilligkeit der Menschen, die mit Jesus unterwegs sind.

Lassen wir zweitens die Klügsten von uns bestimmen, was getan werden soll. „Darum, liebe Brüder und Schwestern, sucht in der Gemeinde nach sieben Männern mit gutem Ruf, die ihr Leben ganz vom Heiligen Geist bestimmen lassen und wissen, was zu tun ist" (Vers 3).

In der ersten Gemeindevollversammlung wurde der erste Arbeitsausschuss gebildet. Die Apostel stellten ihre besten Leute für ihr größtes Problem ab. Das gebietet das Ausmaß der Herausforderung. „Armut", so erklärte mir einmal Rich Stearns, der Präsident von *World Vision* in den Vereinigten Staaten, „ist *tatsächlich* höhere Mathematik." Es gibt einfach keine einfachen Lösungen. Die wenigsten wissen, was man angesichts lawinenartiger Staatsverschuldung, vorenthaltener lebensnotwendiger Medikamente, der Korruption in den Häfen und Kinderverschleppung unternehmen kann. Die wenigsten wissen, was man dagegen tun kann, aber irgendeiner weiß es schon!

Manche Leute arbeiten mit Hochdruck und all ihrer gottgegebenen Weisheit an der Lösung dieser Probleme. Wir brauchen spezialisierte Organisationen wie *World Vision*, *Compassion International*, *Living Water* und die *International Justice Mission*. Unsere besten und klügsten Köpfe müssen das Erbe der Jerusalemer Einsatztruppe aus Apostelgeschichte 6 fortführen.

Und noch eine Idee: *Werden Sie wütend.* So wütend, dass Sie aktiv werden. Heiliger Zorn würde eine Menge Gutes bewirken.

Armut ist nicht das Ergebnis fehlender Wohltätigkeit, sondern fehlender Gerechtigkeit. Warum haben denn zwei von uns acht Kühe und der Rest von uns nur zwei? Warum gehen eine Milliarde Menschen jeden Abend hungrig zu Bett?[33] Warum sterben jeden Tag fast 30.000 Kinder – alle drei Sekunden eines – an Hunger und vermeidbaren Krankheiten?[34] Das ist einfach nicht fair. Warum also nichts dagegen unternehmen?

Ich sage es noch einmal: Niemand kann alles tun, aber jeder kann etwas tun. Manche Menschen können angesichts sozialer Ungerechtigkeit fasten und beten. Andere können sich mit diesem Thema intellektuell befassen und an die Öffentlichkeit gehen. Was ist mit Ihnen? Verlassen Sie doch einmal um Christi willen Ihr gewohntes Terrain. Warum leiten Sie nicht einmal eine Bibellesegruppe für Menschen aus sozial schwachem Milieu? Oder bauen in Ihrem Urlaub Häuser in von Hurrikanen verwüsteten Städten auf? Oder kandidieren für ein öffentliches Amt? Oder verhelfen einem Farmer zu einem Ochsen?

Apropos, neulich erhielt ich einen Brief von Dadhi. Er hatte auch ein Foto von sich und einem neuen Familienmitglied beigelegt. Ein neues 300 Pfund schweres, vierbeiniges Familienmitglied. Beide lächeln auf dem Bild. Und ich denke, Gott lächelte auch.

Witwen und Waisen in ihrer Not zu helfen und sich vom gott-
losen Treiben dieser Welt nicht verführen zu lassen: das ist
wirkliche Frömmigkeit, mit der man Gott, dem Vater, dient
(Jakobus 1,27).

Lieber Herr, Jesus hat gesagt, dass es bei uns immer Arme geben wird. Hilf mir, dafür zu sorgen, dass auch das Gegenteil
zutrifft: dass ich immer bei den Armen bin – mit meiner Hilfe,
mit Ermutigung – und ganz praktisch anpacke, wo ich nur
kann. Befähige mich, den unsichtbaren Gott zu lieben, indem
ich den sichtbaren Armen in meinem Winkel der Welt diene.
Hilf mir, kreativ, aber nicht herablassend zu sein, ermutigend,
aber nicht egoistisch, furchtlos, aber nicht töricht. Mögen die
Armen dir danken und mögen meine Bemühungen die Zahl
der Armen ein wenig reduzieren. Amen.

Kapitel 11

Eine gesunde Selbsteinschätzung

Der Himmel ist mein Thron und die Erde mein Fußschemel. Und da wollt ihr mir, dem Herrn, ein Haus bauen? An welchem Ort soll ich mich denn niederlassen? Ich habe doch Himmel und Erde geschaffen! (Apostelgeschichte 7,49–50).

Als mein Neffe Lawson drei Jahre alt war, wollte er einmal mit mir Basketball spielen. Der flachsköpfige, drahtige Junge hat Spaß an allem, das rund ist und springt. Als er den Basketball und den Korb in meiner Auffahrt entdeckte, konnte er also nicht widerstehen.

Doch der Ball war so groß wie sein Rumpf. Der Korb hing dreimal so hoch, wie er damals groß war. Seine besten Wurfversuche kamen nicht annähernd heran. Also begann ich, ihm zu helfen. Ich hängte den Korb tiefer, von 3 Meter auf 2,50 Meter. Ich ließ ihn dichter am Korb stehen. Ich zeigte ihm den „Oma-Wurf". Nichts half. Der Ball kam dem Netz niemals bedrohlich nahe. Also hob ich Lawson hoch. Die eine Hand auf seinem Rücken, die andere unter seinem kleinen Hintern hob ich ihn höher und höher, bis er auf Augenhöhe mit dem Korbrand war.

„Wirf einen Korb, Lawson!", feuerte ich ihn an. Und das tat er. Er rollte den Ball über den eisernen Ring und er fiel hindurch. *Wusch!* Und was tat Klein-Lawson? Noch während ich ihn in meinen Händen hielt, reckte er beide Fäuste in die Luft und tönte: „Ganz allein geschafft! Ganz allein geschafft!"

Das ist ein kleines bisschen übertrieben, meinst du nicht, kleiner Mann? Wer hat dich denn hochgehoben? Wer hat dir Halt gegeben? Wer hat dir den Weg gezeigt? Vergisst du da nicht jemanden?

Dieselbe Frage stellte Stephanus den geistlichen Leitern der Juden.

Er gehörte zu den sieben Männern, die damit beauftragt worden waren, für die nichtjüdischen Witwen zu sorgen. Lukas beschreibt ihn folgendermaßen: „Stephanus vollbrachte öffentlich durch Gottes Gnade und Kraft große Zeichen und Wunder" (Apostelgeschichte 6,8). Doch mit seinem Dienst machte er sich auch Feinde. Einige Neider beschuldigten ihn fälschlicherweise der Gotteslästerung. Sie schleppten ihn vor den Hohen Rat und verlangten von ihm, dass er sich verteidigte. Und wie er das tat!

Er erregte schon Aufsehen, ehe er überhaupt den Mund aufgemacht hatte. „Die Mitglieder des Hohen Rates blickten gespannt auf Stephanus, und jedem fiel auf, dass sein Gesicht aussah wie das eines Engels" (Apostelgeschichte 6,15). Glühende Wangen. Licht, das durch seine Gesichtshaut schimmerte. Glänzte sein Bart? Tauchte der Himmel ihn in eine Lichtsäule? Ich weiß nicht, wie ich mir diese Szene vorzustellen habe. Aber ich weiß, was sie zu bedeuten hat. Hier redete Gott. Die folgende Predigt entsprang nicht Stephanus' Verstand, sondern dem Herzen Gottes. Jeder Vokal, jeder Konsonant und jedes Räuspern kamen von ihm. Dies war keine belanglose Botschaft. Und genauso wenig war es eine leichtgewichtige Botschaft. 52 Verse, die die Zuhörer von Abraham zu Jesus führten. 2.000 Jahre hebräischer Geschichte in einem Anklagepunkt zusammengefasst: „Ihr vergesst, wem ihr alles zu verdanken habt." Stephanus begann mit Gottes Landvergabe.

Gott, dem alle Ehre zukommt, erschien unserem Vater Abraham in Mesopotamien, noch ehe Abraham nach Haran gezogen war. Gott forderte ihn auf: „Verlass deine Heimat und deine Verwandten, und zieh in das Land, das ich dir zeigen werde!" So verließ Abraham das Land der Chaldäer und wohnte in Haran, bis sein Vater starb. Dann brachte Gott ihn hierher, wo ihr jetzt wohnt (Apostelgeschichte 7,2–4).

Nur aus einem einzigen Grund konnten sich die Juden auch nur an einem Quadratzoll Land erfreuen: weil Gott ihnen gewogen war. Er „erschien", „forderte auf", „sagte zu", „sagte", „sprach" und „schloss einen Bund" (Verse 2, 3, 5, 6, 7 und 8). Und trotzdem hätten Abrahams Nachkommen das Erbe beinahe verschleudert. Sie verkauften ihren Bruder in die Sklaverei nach Ägypten, teilten die Beute unter sich auf und erfanden ein Märchen von einem tödlichen Unfall. Die Familie lebte jahrzehntelang mit dieser Lüge (Verse 9–15). Sollte sich Gottes auserwähltes Volk so verhalten?

Doch Gott griff ein. Er „verließ Josef nicht", „half ihm", „gab ihm ungewöhnliche Weisheit", sorgte dafür, dass er die Gunst des ägyptischen Königs gewann und schließlich zum Verwalter über ganz Ägypten und den Königshof eingesetzt wurde (Verse 9–10). Als die Menschen Gott vergaßen, ging Gott den Menschen nach.

Stephanus fuhr mit der Geschichte von Mose fort, „ein Kind, an dem Gott Gefallen hatte" (Vers 20; GN). Stephanus erzählte von Moses Kindheit bei den Ägyptern, von seinen 40 Jahren in der Verbannung und seiner Rolle als Anführer und Retter.

Überall vollbrachte [Mose] Zeichen und Wunder: in Ägypten, am Roten Meer und während der vierzig Jahre in der Wüste. [...]

Dieser Mose wurde zum Vermittler zwischen unserem Volk und dem Engel, der ihm auf dem Berg Sinai das Gesetz Gottes gab. Mose sollte uns Gottes Weisungen übermitteln, die allen das Leben bringen (Verse 36.38).

Und wieder einmal war Gott der Große Initiator. Er sorgte dafür, dass Mose an den Hof des Pharaos kam, und ließ ihn an den Harvards und Yales von Ägypten ausbilden. Er lehrte ihn das Leben in der Wildnis und versetzte ihn in die Lage, das Rote Meer zu teilen. Gott gab Nahrung in der Wüste und die Zehn Gebote auf dem Berg. Und was tat das Volk? Es vergaß ihn. Sie verlangten eine Rückfahrkarte für den ersten Linienbus zurück nach Ägypten. Ja, sie hatten tatsächlich die folgende Bitte:

Von seinem Bruder Aaron verlangten sie: „Mach uns Götzen-figuren. Wir wollen sie vor uns hertragen, damit sie uns füh-ren. Mose hat uns zwar aus Ägypten herausgeführt. Aber jetzt weiß niemand von uns, was aus ihm geworden ist." Sie mach-ten sich ein Stierkalb, das ihr Gott sein sollte. Als es fertig war, freuten sie sich über ihren Götzen und brachten ihm ihre Op-fer. Da wandte sich Gott von ihnen ab und überließ sie ihrem Schicksal (Verse 40–42).

Wie Paukenschläge dröhnten Stephanus' Worte in der Ver-sammlungshalle. *Unsere Vorfahren vergaßen, wer uns hierher-gebracht hat. Sie vergaßen, wer uns hindurchgetragen hat. Sie wandten sich von Gott ab, und jetzt habt ihr versucht, ihn in eine Schublade zu stecken!*

Während ihrer ganzen Wanderung durch die Wüste trugen unsere Vorfahren ein Zelt mit sich, das ihnen als Tempel diente. [...] Dort blieb es noch bis zur Zeit des Königs David. Diesem König wandte sich Gott immer wieder in Liebe zu. David war es auch, der den Gott Israels bat, ihm einen Tem-pel bauen zu dürfen. Doch erst Salomo verwirklichte diesen Plan (Verse 44–47).

Stephanus machte hier weder die Stiftshütte noch den Tempel schlecht. Beide waren im Einklang mit dem Willen Gottes er-richtet worden. Der Fehler der Israeliten bestand nicht darin, diese Orte der Anbetung geschaffen zu haben, sondern dass sie glaubten, diese Einrichtungen könnten Gott fassen.

Aber der höchste Gott wohnt ohnehin nicht in Häusern, die
ihm Menschen bauen. So sagt schon der Prophet Jesaja: „Der
Himmel ist mein Thron und die Erde mein Fußschemel. Und
da wollt ihr mir, dem Herrn, ein Haus bauen? An welchem
Ort soll ich mich denn niederlassen? Ich habe doch Himmel
und Erde geschaffen!" (Verse 48–50).

Und was heißt das übersetzt? Gott ist nicht an einem bestimmten Ort zu finden. Er hat keine Anschrift. Niemand hat die Ex-
klusivrechte für ihn. Kein Tempel kann ihn fassen.

Diese Rede kam beim Hohen Rat nicht gut an. Der Tempel
war der Stolz des Volkes: riesige Steinblöcke, glitzerndes Gold,
mächtige Torbögen und, ganz besonders, das Allerheiligste –
das Haus Gottes. Die Juden hatten sich folgenden Aufkleber
auf ihre Ochsenkarren geklebt: „Leg dich nicht mit dem Tempel an!" Und doch provozierte Stephanus ihr aufgeblasenes
Ego mit einem massiven Vorwurf: *Ihr habt vergessen, wie groß*
Gott ist.

So weit, so gut. Ihr prahlt mit einem Land, das ihr nicht ein-
genommen habt, einem Gesetz, dem ihr nicht folgt, und einem
steinernen Kasten, in den noch nicht einmal Gottes kleiner
Finger passt. Für was haltet ihr euch denn? Für zu groß. Für
was haltet ihr Gott? Für zu klein. So klein, dass ihr ihn übersehen habt, als er in diese Stadt kam.

Nennt mir einen einzigen Propheten, den eure Vorfahren
nicht verfolgt haben. Sie haben alle umgebracht, die vom
Kommen eures Retters sprachen. Ihr aber seid die Verräter

und Mörder dieses Unschuldigen! Gott hat euch durch seine Engel das Gesetz gegeben, aber ihr habt euch nie danach gerichtet (Verse 52–53).

Stephanus hätte den Deutschen genauso gut erklären können, dass die Amerikaner das Automobil erfunden haben! Die Empörung wäre vermutlich gleich groß gewesen. Folglich erhob sich der Hohe Rat erbost. „Über diese Worte des Stephanus gerieten seine Zuhörer in maßlose Wut" (Vers 54). Sie fletschten ihre Zähne wie wütende Schakale, die sich auf frisches Fleisch stürzen. „Sie … hielten sich die Ohren zu, um seine Worte nicht länger hören zu müssen, und stürzten sich auf ihn. Sie zerrten ihn aus der Stadt und steinigten ihn" (Verse 57–58).

Schon furchterregend, dieser Stolz. Er bringt die Wahrheit lieber um, als sie in Erwägung zu ziehen.

Kommt uns das nicht bekannt vor? Am Anfang unseres geistlichen Weges sind wir ganz klein. Wenn wir uns für ein Leben mit Jesus Christus entscheiden, dann ist das ein ganz demütiger Akt. Wir bekennen unsere Schuld, bitten um Gnade, beugen die Knie. Wir lassen uns in der Taufe von jemand anderem untertauchen. Wir beginnen ganz bescheiden. Als schüchterne Kinder, die unserem sündlosen Gott schmutzige Händchen hinstrecken. Wir fühlen uns dem Dieb am Kreuz verbunden, ahnen, wie David sich wohl gefühlt haben muss, als Gott ihm seinen Ehebruch vergab, und schöpfen Hoffnung aus Petrus' vergebenem Treuebruch. Wir erheben Anspruch auf Paulus' Titel des Obersünders und fragen uns, ob es wohl noch jemand gibt, der Gnade so nötig braucht und so sehr schätzt wie wir.

Wir kommen demütig zu Gott. Keine stolzgeschwellte Brust, keine Prahlerei, kein „Ganz allein geschafft"-Getöne. Wir lassen keine Muskeln spielen und rühmen uns keiner Errungenschaften. Wir tragen unser besudeltes Herz in Händen und halten es Gott hin, als würden wir ihm eine zerdrückte Blume anbieten: „Kannst du das bitte zum Leben erwecken?"

Und das tut er. *Er* tut es. Nicht wir. Er bewirkt das Wunder der Errettung. Er überschüttet uns mit Erbarmen. Er flickt unsere zerrissenen Seelen. Er gibt uns seinen Geist und schenkt uns himmlische Gaben. Unser großer Gott segnet unseren kleinen Glauben.

Wir verstehen, wie die Rollen verteilt sind. Er ist die Milchstraßengalaxie. Wir sind die Sandflöhe. Er ist „U2" und wir sind die Garagenband aus der Nachbarschaft, und das ist okay. Wir brauchen einen großen Gott, weil wir aus unserem Leben ein großes Schlamassel gemacht haben.

Nach und nach verändert unser großer Gott uns. Und so stellen wir dankbar fest, dass wir nicht mehr so oft unseren Begierden auf den Leim gehen, dass wir mehr lieben, weniger austeilen, mehr himmelwärts schauen. Wir bezahlen unsere Rechnungen, verhalten uns aufmerksam unseren Ehepartnern gegenüber, sind unseren Eltern gegenüber respektvoll. Die Menschen bemerken den Unterschied. Sie loben uns. Befördern uns. Bewundern uns. Berufen uns. Wir wagen es, Akzente zu setzen. Wir – die wir als Sünder, befleckt und klein zu Christus kamen – vollbringen etwas. Wir errichten Waisenhäuser, leiten Unternehmen, befreien die Verwirrten von Depressionen und die Kranken von Krankheiten. Ja, wir schreiben sogar

Bücher. Wir fühlen uns gar nicht mehr so klein. Man redet mit uns, als wären wir etwas Besonderes.

„Sie haben großen Einfluss."

„Wie stark doch Ihr Glaube ist."

„Wir brauchen solch vollmächtige Heilige wie Sie."

Fühlt sich gut an. Lobeshymnen werden zu Leitersprossen und wir steigen auf. Wir legen unsere Kleinheit ab, werfen die Clark-Kent-Brille in den Müll und legen das Superman-Kostüm an. Wir vergessen. Wir vergessen, wer uns bis hierhergebracht hat.

Wir benehmen uns wie die Zecke im Ohr des Elefanten. Das große Tier brach aus der Herde aus und donnerte über eine Holzbrücke. Die altersschwache Brücke ächzte und stöhnte und brach unter dem Gewicht beinahe zusammen. Als sie auf der anderen Seite waren, erklärte die Zecke mit stolzgeschwellter Brust: „Junge, Junge, die Brücke haben wir aber ordentlich zum Wackeln gebracht."

Wir denken, wir vollbringen etwas Weltbewegendes, und dabei sind wir nur Trittbrettfahrer.

Nehmen Sie sich die Zeit, sich zu erinnern. „Schaut euch selbst an, liebe Brüder und Schwestern! Sind unter euch, die Gott berufen hat, wirklich viele, die man als gebildet und einflussreich bezeichnen könnte oder die aus einer vornehmen Familie stammen?" (1. Korinther 1,26). Denken Sie daran, wem Sie am Anfang alles zu verdanken hatten. Und denken Sie daran, wem Sie heute alles zu verdanken haben.

Mose tat das. Er war Prinz von Ägypten und Sklavenbefreier, und dennoch war Mose „ein zurückhaltender Mann, demütiger als alle anderen Menschen auf der Welt" (4. Mose 12,3). Der Apostel Paulus wusste, wie man tiefstapelt, nicht hoch. Er kam durch einen persönlichen Besuch Jesu zum Glauben, ihm wurde eine Schau des Himmels gewährt und die Kraft, Tote aufzuerwecken. Doch wenn er sich vorstellte, sagte er schlicht: „Ich bin Paulus, ein Diener Gottes" (nachzulesen z. B. in Titus 1,1). Johannes der Täufer war mit Jesus verwandt und einer der bekanntesten Evangelisten aller Zeiten. Doch er ist in der Heiligen Schrift bekannt als der, der sagte: „Christus soll immer wichtiger werden, und ich will immer mehr in den Hintergrund treten" (Johannes 3,30).

Und John Newton? Der ehemalige Sklavenhändler war von 1764 bis zu seinem Tod im Jahre 1807 Pastor. Bekannte Persönlichkeiten wie Hannah More und William Wilberforce zogen ihn in ihr Vertrauen. Hunderte von Lieder schrieb er, die die Kirchen noch heute mit Musik füllen. Doch auf seinem Sterbebett sagte der Verfasser von „Amazing Grace" die folgenden Worte zu einem jungen Pastor: „Ich gehe dir voraus, aber du wirst mir schon bald nachfolgen. Sobald du angekommen bist, wirst du sicher um deiner Freundschaft willen nach mir fragen. Doch ich kann dir schon jetzt sagen, wo du mich höchstwahrscheinlich finden wirst. Ich werde zu Füßen des Diebes sitzen, den Jesus noch im Sterben am Kreuz gerettet hat."[35]

John Newton vergaß niemals, wem er alles zu verdanken hatte.

Das beste Beispiel für Demut dieser Art ist niemand anderes als Jesus Christus selbst. Wer hätte mehr Grund gehabt zu prahlen als er? Und doch tat er es nie. Er ging auf dem Wasser, aber stolzierte nie am Strand entlang. Er verwandelte einen Binsenkorb in ein Büfett, verlangte aber nie Applaus. Ein Freiheitskämpfer und ein Prophet trafen sich mit ihm, aber er spielte in seinen Predigten nicht darauf an. Er hätte das durchaus tun können: „Erst neulich habe ich mich mit Mose und Elia unterhalten." Doch Jesus klopfte sich nie auf die Schulter. Er lehnte Dank sogar ab. „Dabei kann ich nicht eigenmächtig handeln, sondern ich entscheide so, wie Gott es mir sagt" (Johannes 5,30). Er war völlig vom Vater und dem Heiligen Geist abhängig. „Ganz allein geschafft"? So etwas hat Jesus nie gesagt. Wenn *er* das nicht tat, wie können wir es da wagen?

Wir können uns zwar zu groß, aber niemals zu klein machen. Welche Gabe kommt bei Ihnen zum Einsatz, die er Ihnen nicht zuvor gegeben hat? Welche Wahrheit geben Sie weiter, die er Sie nicht zuvor gelehrt hat? Sie lieben. Doch wer hat Sie zuerst geliebt? Sie dienen. Doch wer hat am meisten gedient? Was tun Sie für Gott, das er nicht allein tun könnte?

Wie freundlich von ihm, uns zu gebrauchen. Wie weise von uns, das nicht zu vergessen.

Stephanus vergaß es nicht. Und da er Jesus nicht vergaß, vergaß Jesus auch ihn nicht. Als seine Ankläger Steine auflasen, blickte Stephanus auf Christus. „Stephanus aber blickte, erfüllt vom Heiligen Geist, zum Himmel auf und sah dort Gott in seiner Herrlichkeit und Jesus an seiner rechten Seite" (Apostelgeschichte 7,55).

Woher nimmst du dir das Recht dazu? Bist du etwas Besonderes? Alles, was du besitzt, hat Gott dir doch geschenkt. Hat er dir aber alles geschenkt, wie kannst du dann damit prahlen, als wäre es dein eigenes Verdienst? (1. Korinther 4,7).

Mein Vater, ich wünsche mir, die gleiche Einstellung zu bekommen, die auch Johannes der Täufer hatte – dass Jesus immer mehr Raum einnimmt und ich zunehmend in den Hintergrund trete. Hilf mir, dich mehr und mehr in deiner ganzen Größe zu erfassen, damit ich mich selbst immer realistischer sehe und so immer mehr Grund habe, jeden Tag über deine wunderbare Gnade zu staunen. Halte dummen Stolz von mir fern, und gib mir ein Gespür dafür, wie ich mich auf gesunde Art und Weise unwichtig nehmen kann, dass es meinen Mitmenschen guttut und sie erfreut. Erinnere mich ständig daran, dass du mein Leben und Streben und meine ewige Zukunft in deinen liebenden Händen hältst und dass alles Gute, das ich habe, von dir kommt. Lass mich nie vergessen, dass ich ohne dich nichts tun kann, aber mit Christus alles. Auf dich kommt es an. Amen.

Kapitel 12

Ein paar Mauern sprengen

Als sie bald darauf an einer Wasserstelle vor-
überfuhren, sagte der äthiopische Hofbeamte:
„Dort ist Wasser! Spricht etwas dagegen,
dass ich jetzt gleich getauft werde?"

„Wenn du von ganzem Herzen an Christus
glaubst, kann ich es tun", erwiderte Philippus
(Apostelgeschichte 8,36–37).

Die Fans feuerten die gegnerische Mannschaft an. Die Cheer-
leader wechselten die Seiten. Der Trainer verhalf der gegneri-
schen Mannschaft zum Punktgewinn. Die Eltern jubelten für
die Gegner.

Was war denn das?

Das war die Idee eines großherzigen Footballtrainers im
texanischen Grapevine. Kris Hogan leitet einen erfolgreichen
Bereich an der *Faith Christian Highschool*. Er hat siebzig Spieler, elf Trainer, professionelle Ausrüstung und Eltern, die sich
voll engagieren, Banner malen, Kuchen backen und nicht mal
wegen ihrer eigenen Beerdigung ein Spiel verpassen würden.
Als sie gegen die *Gainsville State School* antreten mussten, hat-

ten sie bereits sieben Spiele in der Saison gewonnen und nur zwei verloren.

Die Spieler von Gainsville tragen im Gegensatz dazu sieben Jahre alte Schulterpolster und Helme aus dem letzten Jahrzehnt und treten zudem noch bei jedem Spiel mit Handschellen an. Nicht ihre Eltern schauen ihnen zu, sondern zwölf uniformierte Beamte. Gainsville ist nämlich eine Hochsicherheits-Justizvollzugsanstalt. Die Schule hat kein Stadion, kein Team von Cheerleadern und nicht die leiseste Hoffnung, einmal zu gewinnen. Gainsville ging mit einer Bilanz von null gewonnenen und acht verlorenen Spielen in das Match gegen Grapevine. Im gesamten Jahr hatten sie gerade mal zwei Touchdowns erzielt.

Das Ganze schien irgendwie nicht fair zu sein. Deshalb dachte sich Trainer Hogan etwas aus. Er bat die Fans, die Seiten zu wechseln und nur für diesen einen Abend die gegnerische Mannschaft anzufeuern. Über 200 erklärten sich dazu bereit.

Sie bildeten einen 35 Meter langen Einlaufkorridor. Sie malten ein Banner mit der Aufschrift „Los, Tornados!", durch das das Gainsville-Team hindurchbrechen konnte. Sie saßen im Stadion auf der Gainsville-Seite. Sie lernten sogar die Namen der Gainsville-Spieler, damit sie die Spieler gezielt anfeuern konnten.

Die Häftlinge hatten durchaus schon andere Leute ihre Namen schreien hören, aber noch nie auf diese Weise. Gerald, ein Lineman, der drei Jahre abzusitzen hatte, sagte: „Die Leute haben immer etwas Angst vor uns, wenn wir zu den Spielen kommen. Man sieht das an ihren Augen. Sie sehen uns an, als ob wir Verbrecher wären. Aber diese Leute hier, die haben für uns gejubelt. Und sie kannten sogar unsere Namen!"

Nach dem Spiel kamen die Mannschaften in der Mitte des Spielfelds zusammen, um ein Gebet zu sprechen. Einer der inhaftierten Spieler bat darum, beten zu dürfen. Trainer Hogan willigte ein, ohne zu wissen, was er davon halten sollte.

„Herr", sagte der Junge, „ich weiß nicht, wie das passiert ist, also weiß ich nicht, wie ich dir danken soll, aber ich hätte nie gedacht, dass es so viele Menschen auf der Welt gibt, denen wir etwas bedeuten."

Aber das war noch nicht alles. Nach dem Spiel warteten die Grapevine-Fans neben dem Mannschaftsbus, um jedem Spieler ein Abschiedsgeschenk mitzugeben: einen Burger, Pommes frites, einen Schokoriegel, eine Flasche Wasser, eine Bibel, einen ermutigenden Brief und einen dicken Applaus. Als der Gefängnisbus den Parkplatz verließ, drückten die Spieler ihre Nasen an der Scheibe platt und fragten sich, was da gerade passiert war.[36]

Und was war passiert? Ein Team göttlicher „Abrissexperten" hatte die Mauer niedergerissen, die Vorurteile erschaffen. Ihre Waffen? Eine Salve von „Du bist immer noch wertvoll" und „Du bist uns nicht gleichgültig". Ihre Mission? Wälle einzureißen, die Gottes Kinder voneinander trennen.

Wird Ihre Welt durch Mauern in zwei Hälften geteilt? Sie stehen auf der einen Seite. Und auf der anderen? Die Person, die Sie mittlerweile ignorieren, ja, vielleicht sogar verachten. Der Teenager mit den Tattoos. Der Boss mit dem Benz. Der Einwanderer mit dem unverständlichen Akzent. Der Mensch auf der anderen Seite Ihres politischen Zauns. Der Bettler, der jede Woche vor Ihrer Kirche sitzt.

Oder die Samariter vor den Mauern Jerusalems.

Apropos, Mauern, uralt und hoch. „Normalerweise", so schrieb Johannes in seinem Evangelium, „wollten die Juden nichts mit den Samaritern zu tun haben" (Johannes 4,9). Die beiden Kulturen waren einander seit tausend Jahren spinnefeind. Untermauert wurde die Fehde von Vorwürfen betreffs Abtrünnigkeit, Mischehen und Illoyalität dem Tempel gegenüber. Die Samariter standen auf der schwarzen Liste. Ihre Betten, Gebrauchsgegenstände, ja, selbst ihr Speichel galten als unrein.[37] Kein orthodoxer Jude reiste in dieses Gebiet. Die meisten Juden nahmen lieber einen doppelt so langen Umweg in Kauf, als durch Samarien zu reisen.

Jesus jedoch folgte anderen Spielregeln. Er verbrachte einmal fast einen ganzen Tag mit einer samaritanischen Frau, trank Wasser aus ihrem Schöpflöffel und ging auf ihre Fragen ein (Johannes 4,1–26). Er schritt über das Tabu hinweg, als wäre es ein schlafender Hund auf der Türschwelle. Jesus reißt nur allzu gerne Mauern ein.

Darum schickte er auch Philippus nach Samarien.

Einer von ihnen war Philippus. Er kam in die Stadt Samaria und sprach dort von Christus. Die Einwohner hörten ihm bereitwillig zu und sahen die Wunder, die er wirkte. Böse Geister wurden ausgetrieben und ließen mit lautem Geschrei von ihren Opfern ab. Ebenso heilte Philippus viele Menschen, die gelähmt waren und andere körperliche Gebrechen hatten. [...]

Aber nun glaubten viele an die rettende Botschaft von Gottes neuer Welt und von Jesus Christus, wie Philippus es ihnen verkündet hatte. Männer und Frauen ließen sich taufen (Apostelgeschichte 8,5–7.12).

In der Stadt brach eine Erweckung aus. Petrus und Johannes hörten von dem Geschehen und reisten von Jerusalem nach Samarien, um nach dem Rechten zu sehen. „Die beiden Apostel kamen nach Samaria und beteten für die Gläubigen, dass Gott ihnen seinen Heiligen Geist schenken möge. Denn bisher hatte keiner von ihnen den Geist empfangen, obwohl sie auf den Namen des Herrn Jesus getauft worden waren. Als ihnen aber die Apostel die Hände auflegten, empfingen sie den Heiligen Geist" (Verse 15–17).

Dies ist eine eigenartige Geschichte. Warum hatten die Samariter den Heiligen Geist noch nicht empfangen? An Pfingsten versprach Petrus denen die Gabe des Heiligen Geistes, die Buße taten und sich taufen ließen. Wie können wir uns dann die Taufe der Samariter erklären, die Lukas zufolge nicht vom Kommen des Heiligen Geistes begleitet worden war? Warum wurde die Gabe erst später geschenkt?

Ganz einfach: um den Einsturz einer Mauer zu zelebrieren. Zum ersten Mal durchbrach Gottes Gute Nachricht ein uraltes Vorurteil. Gott würdigte diesen besonderen Augenblick mit einer Art Konfetti-Parade. Er rollte die Fußmatte mit dem Aufdruck „Herzlich willkommen" aus und schickte seine Leute los, damit sie die Erweckung beglaubigten und den Samaritern die Hände auflegten. Falls irgendjemand noch Zweifel gehabt haben sollte, jetzt war es eindeutig: Bei Gott sind alle Menschen willkommen.

Doch das war noch nicht alles. Er schickte Philippus auf eine zweite Missionsreise in eine fremde Kultur.

Ein Engel des Herrn forderte Philippus auf: „Geh in Richtung Süden, und zwar auf die einsame Straße, die von Jerusalem nach Gaza führt."

Philippus machte sich sofort auf den Weg. Zur selben Zeit war auf dieser Straße auch ein Mann aus Äthiopien mit seinem Wagen unterwegs. Er war ein Hofbeamter der Königin von Äthiopien, die den Titel Kandake führte, und verwaltete ihr Vermögen. Eben kehrte er von Jerusalem zurück, wo er als Pilger im Tempel Gott angebetet hatte. Während der Fahrt las er im Buch des Propheten Jesaja.

Da sprach der Heilige Geist zu Philippus: „Geh zu diesem Wagen, und bleib in seiner Nähe" (Apostelgeschichte 8,26–29).

Zwischen Philippus und dem Eunuchen standen hohe Mauern. Der Äthiopier war dunkelhäutig; Philippus war hellhäutig. Der Minister stammte aus dem fernen Afrika; Philippus war ganz in der Nähe aufgewachsen. Der Reisende war reich genug, um zu reisen. Und was war Philippus anderes als ein einfacher Flüchtling, der aus Jerusalem verbannt worden war? Und vergessen wir nicht das heikle Thema des unterschiedlichen Testosteronspiegels: Philippus war, wie wir später erfahren, Vater von vier Töchtern (Apostelgeschichte 21,9). Der Minister war ein Eunuch. Keine Frau, keine Kinder und auch nichts dergleichen in Aussicht. Das Leben der beiden Männer hätte nicht unterschiedlicher sein können.

Doch Philippus zögerte nicht. „Da begann Philippus, ihm die rettende Botschaft von Jesus anhand dieses Prophetenwortes zu erklären. Als sie bald darauf an einer Wasserstelle vorüberfuhren, sagte der äthiopische Hofbeamte: ‚Dort ist Wasser! Spricht etwas dagegen, dass ich jetzt gleich getauft werde?‘" (Apostelgeschichte 8,35–36).

Keine unwesentliche Frage. Ein schwarzer, einflussreicher, weibischer Minister aus Afrika wendet sich an den weißen, einfachen, männlichen Christen aus Jerusalem und fragt: „Spricht irgendetwas dagegen, warum ich das, was du hast, nicht auch haben sollte?"

Was wäre, wenn Philippus gesagt hätte: „Jetzt, wo du es sagst: ja. Bedauere. Typen wie dich nehmen wir nicht."

Doch Philippus, Gründungsmitglied des göttlichen Abrisstrupps, brach durch die Mauer und sprach eine Einladung aus: „‚Wenn du von ganzem Herzen an Christus glaubst, kann ich es tun‘, erwiderte Philippus.

‚Ich glaube, dass Jesus Christus der Sohn Gottes ist‘, bekannte der Hofbeamte" (Vers 37).

Und ehe man sich versieht, steigt der Eunuch auch schon „Jesus liebt mich" pfeifend aus dem Taufbecken, Philippus ist unterwegs zu seinem nächsten Einsatz, und die Kirche hat ihren ersten Gläubigen aus nicht jüdischen Reihen.

Und uns ist ein bisschen schwindlig. Wie gehen wir mit solch einem Kapitel um? Samaria. Das Eintreffen von Petrus und Johannes. Das Kommen des Heiligen Geistes. Gaza. Der äthiopische Minister. Philippus. Was lehren uns diese Ereignisse? Sie zeigen uns, wie Gott über die Person auf der anderen Mauerseite denkt.

Durch ihn selbst haben wir Frieden, denn jetzt gibt es nicht länger diese unüberwindliche Mauer zwischen Juden und Nichtjuden. Jesus selbst hat sie abgerissen, hat die Feindschaft zwischen ihnen ausgelöscht und beide, Juden wie Nichtjuden, in seiner Person eins werden lassen. [...] Durch ihn wurde praktisch ein neuer Mensch geschaffen, einer, der endlich mit Gott versöhnt ist und in Frieden mit ihm leben kann. Dafür hat Jesus am Kreuz sein Leben gegeben (Epheser 2,14–16; WD).

Das Kreuz Christi schuf ein neues Volk, ein Volk, in dem Hautfarbe oder Familienfehden keine Hindernisse mehr darstellen. Eine neue Bürgerschaft, für die nicht die gemeinsame Herkunft oder die Geografie entscheidend sind, sondern der gemeinsame Retter.

Mein Freund Buckner Fanning erlebte persönlich, was das heißt. Er war ein Marinesoldat im Zweiten Weltkrieg und drei Wochen nach Abwurf der Atombombe in Nagasaki stationiert. Können Sie sich einen jungen amerikanischen Soldaten inmitten der Trümmer und der Verwüstung der zerstörten Stadt vorstellen? Verstrahlte Opfer irren durch die Straßen. Radioaktiver Niederschlag fällt auf die Stadt. Verkohlte Leichen. Überlebende schlurfen auf der Suche nach Angehörigen, Essen und Hoffnung durch die Straßen. Der siegreiche Soldat empfindet keinen Triumph, sondern Trauer über das Leid um ihn herum.

Doch statt Zorn und Rache fand Buckner eine Oase der Gnade. Beim Patrouillieren in den engen Straßen stieß er auf ein Schild mit einer englischen Aufschrift: Methodistenkirche. Er merkte sich den Ort und beschloss, am folgenden Sonntagmorgen wiederzukommen.

Er betrat ein halb zerstörtes Gebäude. Die Fenster zerbrochen. Die Wände teilweise eingestürzt. Der junge Marinesoldat schritt durch den Schutt und war unsicher, wie man ihn empfangen würde. Etwa 15 Japaner stellten Stühle auf und räumten die Trümmer beiseite. Als der uniformierte Amerikaner eintrat, hielten sie inne und drehten sich um.

Er kannte nur ein einziges Wort auf Japanisch. Und genau das hörte er. *Bruder.* „Sie haben mich als Freund willkommen geheißen", erzählt Buckner, und noch über 60 Jahre nach diesen Ereignissen spürt man ihm ab, welch bewegender Moment dies war. Sie boten ihm einen Sitzplatz an. Er öffnete seine Bibel, und da er die Predigt nicht verstand, saß er einfach nur da und sah sich um. Als sie das Abendmahl feierten, brachte man ihm Brot und Wein. In jenem stillen Moment wurden die Feindschaft zwischen ihren Völkern und die Verletzungen des Krieges beiseitegelegt, als ein Christ dem anderen den Leib und das Blut Christi reichte.

Eine weitere Mauer war mit lautem Krachen eingestürzt.

Welche Mauern gibt es in Ihrer Welt?

Brian Overcast reißt in Morelia Mauern ein, einem Ort in Mexiko. Als Leiter des NOE-Zentrums (*New Opportunities in*

Education – neue Chancen durch Bildung) gehen Brian und sein Team das Problem der illegalen Einwanderung auf einzigartige Weise an. Man erklärte mir dort: „Die Mexikaner wollen eigentlich gar nicht über die Grenze. Wenn sie zu Hause bleiben könnten, täten sie das. Aber das können sie nicht, weil sie keine Arbeit finden. Darum bringen wir ihnen Englisch bei. Mit Englischkenntnissen werden sie an den Universitäten Mexikos angenommen und können dann zu Hause einem Beruf nachgehen. Andere sehen illegale Einwanderer; wir sehen Chancen."

Noch eine Mauer wurde eingerissen.

Wir können keine bleibenden Spuren hinterlassen, wenn wir unsere Vorurteile nicht ablegen. Wer sind Ihre Samariter? Ihre äthiopischen Eunuchen? Wer sind die Leute, die zu meiden und denen zu misstrauen man Sie gelehrt hat?

Es ist an der Zeit, ein paar Mauersteine herauszubrechen.

Freuen Sie sich über den Tag, an dem Gott Sie in Ihr Samarien bringt – das muss gar nicht unbedingt weit weg sein, aber die Menschen dort werden einen ganz anderen Stil und Geschmack haben, eine andere Sprache und Bräuche.

Und wenn Sie einem äthiopischen Eunuchen begegnen, der so anders, aber so aufrichtig ist, dann lehnen Sie diese Person nicht ab. Lassen Sie nicht zu, dass Klassenunterschiede, Rasse, Geschlecht, Politik, Geografie oder Kultur Gottes Werk behindern. Denn letztendlich gilt: Wenn wir die Seiten wechseln und die gegnerische Mannschaft anfeuern, gewinnen alle.

Nehmt einander an, so wie Christus euch angenommen hat.
Auf diese Weise wird Gott geehrt (Römer 15,7).

Herr, wo errichte ich trennende Mauern zwischen mir und anderen Menschen? Zeige es mir. Wie oft stemple ich jemanden durch mein Verhalten als deiner unwürdig ab? Weise mich aus Liebe zurecht. Wo kann ich eine Mauer einreißen oder ein Hindernis wegräumen, die deine Kinder voneinander trennen? Gib mir geistliches Dynamit und die Fähigkeit und den Mut, es zu deiner Ehre einzusetzen. Was kann ich in meinem Einflussbereich tun, um jemandem, der sich vielleicht ausgeschlossen fühlt oder weit von dir entfernt ist, zu zeigen, wie sehr du ihn liebst? Schenke mir göttliche Einsicht und die Entschlossenheit, deine Hände und Füße zu sein. Lass mich eine Brücke und keine Mauer sein. Amen.

Kapitel 13

Schreiben Sie niemanden ab

„Lieber Bruder Saulus", sagte er, „Jesus, der Herr,
der dir unterwegs erschienen ist, hat mich zu
dir geschickt, damit du mit dem Heiligen Geist
erfüllt wirst und wieder sehen kannst"
(Apostelgeschichte 9,17).

Hananias[38] hastet durch die engen Straßen von Damaskus. Sein ernster Gesichtsausdruck ist trotz des dichten, struppigen Barts nicht zu übersehen. Freunde rufen ihm etwas zu, als er vorbeiläuft, aber er hält nicht an. Er murmelt im Gehen vor sich hin: „Saulus? *Saulus?* Unmöglich. Das kann nicht wahr sein."

Er fragt sich, ob er die Anweisungen missverstanden hat. Fragt sich, ob er umdrehen und seine Frau einweihen sollte. Fragt sich, ob er stehen bleiben und jemandem sagen sollte, wo er hingeht, falls er nicht mehr zurückkommen sollte. Aber das tut er nicht. Seine Freunde würden ihn einen Narren heißen. Seine Frau würde ihm davon abraten zu gehen.

Aber er muss. Er eilt durch einen Hof voller Hühner, riesiger Kamele und kleiner Esel. Er läuft an der Werkstatt des

Schneiders vorbei und erwidert den Gruß des Gerbers nicht. Er hält nicht an, ehe er die Straße erreicht, die man die „Gerade" nennt. Die Herberge hat niedrige Gewölbe und große Räume mit Matratzen. Hübsch für Damaskuser Verhältnisse, eine Unterkunft, wo wichtige oder einflussreiche Persönlichkeiten absteigen würden, und Saulus ist zweifellos beides.

Hananias und die anderen Christen haben sich auf seine Ankunft vorbereitet. Einige Jünger haben die Stadt verlassen. Andere sind untergetaucht. Sein Ruf als Christenmörder ist Saulus vorausgeeilt. Doch Saulus als Christusnachfolger? Diese Vorstellung ist abwegig.

Doch das war die Botschaft der Vision. Hananias ruft sie sich noch einmal in Erinnerung: „Geh zur Geraden Straße in das Haus des Judas, und frag dort nach einem Saulus von Tarsus. Er betet gerade und hat in einer Vision einen Mann gesehen, der Hananias heißt. Dieser kam zu ihm und legte ihm die Hände auf, damit er wieder sehen kann" (Apostelgeschichte 9,11–12).

Hananias wäre sein Matzen beinahe im Halse stecken geblieben. *Das ist unmöglich!* Er erinnerte Gott daran, dass Saulus ein ganz harter Knochen ist. „Ich habe schon von so vielen gehört, wie grausam dieser Saulus deine Gemeinde in Jerusalem verfolgt" (Vers 13). Saulus ein *Christ?* Eher friert die Hölle zu!

Doch Gott machte keine Witze. „Geh nur hin! Gerade ihn habe ich als mein Werkzeug ausgesucht. Er wird meinen Namen den nichtjüdischen Völkern und ihren Herrschern bekannt machen und auch dem Volk Israel" (Vers 15; GN).

Hananias grübelt beim Gehen über diese Worte nach. „Saulus" und „Werkzeug" in einem Satz? Saulus, der Dickkopf – ja. Saulus, der Kritiker – okay. Aber Saulus, das auserwählte Werkzeug? Bei diesen Gedanken schüttelt Hananias den Kopf. Mittlerweile ist er schon halb die Gerade Straße hinuntergelaufen und denkt ernsthaft darüber nach, umzukehren und nach Hause zu gehen. Und das hätte er auch beinahe getan, wenn ihn die beiden Wachen nicht entdeckt hätten.

„Was willst du hier?", rufen sie vom Obergeschoss herunter. Sie stehen stramm. Ihre Gesichter sind freud- und ruhelos.

Hananias weiß, wer sie sind: Soldaten der Tempelwache. Die Reisebegleiter von Saulus.

„Ich bin geschickt worden, um dem Rabbi zu helfen."

Sie senken ihre Speere. „Wir hoffen, dass du das kannst. Ihm ist irgendetwas zugestoßen. Er isst und trinkt nichts mehr. Redet kaum."

Hananias kann jetzt nicht mehr zurück. Er steigt die steinernen Stufen hoch. Die Wachen treten beiseite und Hananias tritt über die Türschwelle. Der Anblick lässt ihn abrupt Luft holen. Ein hagerer Mann sitzt im Schneidersitz auf dem Boden, halb beschienen von einem einfallenden Lichtstrahl. Die Wangen hohl, die Lippen ausgetrocknet, schaukelt er vor und zurück und stöhnt ein Gebet.

„Wie lange geht das schon so?"

„Seit drei Tagen."

Saulus hat eine Hakennase und buschige Augenbrauen. Das Essen auf dem Teller und das Wasser im Becher stehen unberührt auf dem Boden. Seine Augen starren aus ihren Höhlen in Richtung eines offenen Fensters. Sie sind mit einem schorfigen Film bedeckt. Saulus verscheucht noch nicht einmal die Fliegen von seinem Gesicht. Hananias zögert. Wenn dies eine Falle ist, ist es um ihn geschehen. Wenn nicht, dann ist dies der große Augenblick.

Diese Begegnung sollte gefeiert werden: mit einem Tusch, einem Fensterbild in einer Kirche, ein paar Seiten in einem Buch mit dem Titel „Unwahrscheinlich fromm". Ehe wir etwas über Augustinus und die Stimme eines Kindes lesen oder über C. S. Lewis und die Inklings, sollten wir etwas über Saulus lesen, den sturen Saulus, und den Jünger, der seinetwegen ein Risiko einging.

Niemand kann Hananias sein Widerstreben verübeln. Für Saulus waren Christen die Überträger einer Seuche. Er stand neben dem Hohepriester, als Stephanus der Prozess gemacht wurde. Er passte während der Hinrichtung auf die Mäntel der Steinewerfer auf. Er nickte zufrieden, als Stephanus sein Leben aushauchte. Und als der Hohe Rat einen Auftragsmörder suchte, um die junge Gemeinde zu terrorisieren, war Saulus gleich zur Stelle. Er wurde zum Todesengel. Er verfolgte die Christen „mit grenzenlosem Hass" (Apostelgeschichte 9,1). Er verfolgte „die Christen überall mit glühendem Hass [...] und [wollte] ihre Gemeinden zerstören" (Galater 1,13).

Hananias wusste, was Saulus mit der Gemeinde in Jerusalem gemacht hatte. Doch jetzt sollte er erfahren, was Jesus mit Saulus auf dem Weg nach Damaskus gemacht hatte.

Die Reise war Saulus' Idee gewesen. Viele Menschen in der Stadt hatten erkannt, dass Jesus der Messias war. Als Saulus die

Kunde von der Erweckung erreichte, trug er seine Bitte vor: „Schickt mich." Also brach der feurige junge Hebräer zu seiner ersten Missionsreise auf, um die Kirche auf Teufel komm raus zu stoppen. Bis nach Damaskus war es eine lange Reise, 240 Kilometer. Saulus war wahrscheinlich zu Pferd unterwegs, sorgsam darauf bedacht, die heidnischen Dörfer zu meiden. Schließlich war er auf einer heiligen Mission unterwegs.

Es war auch eine *heiße* Mission. Die Hitze im Tiefland zwischen dem Berg Hermon und Damaskus war nämlich so groß, sie konnte Silber schmelzen lassen. Die Sonne stach so heiß vom Himmel herab, dass die Luft am Horizont waberte. Irgendwo auf dieser durstigen Strecke warf Jesus Saulus regelrecht zu Boden und fragte ihn: „Saul, Saul, warum verfolgst du mich?" (Apostelgeschichte 9,4).

Saulus presste sich die Fäuste in die Augenhöhlen. Er rollte sich auf die Knie und senkte den Kopf zu Boden. „‚Wer bist du, Herr?', fragte Saulus. ‚Ich bin Jesus, den du verfolgst!', antwortete die Stimme" (Vers 5). Als Saulus den Kopf hob, um zu gucken, wer da zu ihm sprach, konnten seine Augen nichts mehr sehen. Er war blind.

Seine Wachen eilten ihm zu Hilfe. Sie führten ihn zur Herberge in Damaskus und brachten ihn die Stufen hinauf.

Als Hananias schließlich eintrifft, sieht Saulus die Sache mit Jesus bereits in einem anderen Licht.

Hananias tritt ein und setzt sich auf den Steinboden. Er nimmt die Hand des Fanatikers und fühlt ihr Zittern. Er betrachtet Saulus' bebende Lippen. Als er das Schwert und den Speer sieht, die in der Ecke ruhen, erkennt Hananias, dass

Christus bereits das Werk vollbracht hat. Hananias muss Saulus nur noch den nächsten Schritt zeigen. „Lieber Bruder Saulus ..." (Wie wunderbar diese Worte geklungen haben müssen. Saulus musste sicherlich schluchzen, als er sie hörte.)

„Lieber Bruder Saulus", sagte er, „Jesus, der Herr, der dir unterwegs erschienen ist, hat mich zu dir geschickt, damit du mit dem Heiligen Geist erfüllt wirst und wieder sehen kannst" (Vers 17).

Die Tränen strömen wie Sturzbäche über den Schorf auf Saulus' Augen. Der schuppige Belag löst sich und fällt ab. Er blinzelt und sieht das Gesicht seines neuen Freundes.

Noch in der gleichen Stunde steigt er aus dem Taufwasser. Nach wenigen Tagen predigt er in einer Synagoge. Die erste von Tausenden von Predigten. Aus Saulus wird bald Paulus, und Paulus predigt von den Hügeln Athens, schreibt Briefe aus den tiefsten Kerkern und bringt letztlich ein Geschlecht von Theologen hervor, darunter solche wie Thomas von Aquin, Luther und Calvin.

Gott hat Paulus gebraucht, um etwas in der Welt zu bewegen. Doch zuvor gebrauchte er Hananias, um etwas in Paulus zu bewegen. Hat Gott Ihnen etwas Ähnliches aufgetragen? Hat Gott Ihnen einen Saulus ins Leben gestellt?

Vor Kurzem erzählte mir eine Mutter von ihrem Sohn. Er sitzt wegen eines Raubüberfalls in einem Hochsicherheitsgefängnis. Alle, auch sein Vater, haben diesen jungen Mann bereits abgeschrieben. Alle außer seiner Mutter. Sie glaubt wirklich, dass ihr Sohn seine besten Jahre noch vor sich hat. „Er ist ein guter Junge", sagte sie entschieden. „Wenn er wieder auf freiem Fuß ist, wird er etwas aus seinem Leben machen."

Noch ein Saulus, noch ein Hananias.

Neulich traf ich zufällig einen alten Bekannten in einem Buchladen. Er hatte vor Kurzem goldene Hochzeit gefeiert. Ihm kamen die Tränen, als er beschrieb, welche Heilige er geheiratet hatte und was für einen Mistkerl seine Frau. „Ich glaubte nicht an Gott. Ich habe die Menschen respektlos behandelt. Wir waren gerade mal sechs Wochen verheiratet, da fand ich meine Frau beim Nachhausekommen weinend in der Badewanne, weil sie darüber nachdachte, ob sie nicht einen Riesenfehler gemacht hatte, als sie mich geheiratet hatte. Aber sie hat die Hoffnung nie aufgegeben."

Noch ein Saulus, noch ein Hananias.

Und Sie? Alle anderen haben Ihren Saulus abgeschrieben. „Er hat sich zu sehr verrannt." „Sie ist zu hart ... zu abhängig ... zu alt ... zu gefühllos." Niemand betet für Ihren Saulus. Doch Ihnen dämmert allmählich, dass Gott vielleicht hinter den Kulissen am Werk ist. Vielleicht es ist zu früh, um das Handtuch zu schmeißen ... Sie fangen an, zu glauben, dass da noch etwas geschehen kann.

Weisen Sie diese Gedanken nicht von sich.

Josef tat es nicht. Seine Brüder verkauften ihn als Sklaven nach Ägypten. Doch er lud sie zu sich in seinen Palast ein.

David tat es nicht. König Saul führte eine Fehde gegen David, doch David hatte eine Schwäche für Saul. Er nannte ihn den „Gesalbten des Herrn" (1. Samuel 24,11).

Hosea tat es nicht. Seine Frau Gomer war die Königin des Rotlichtviertels, doch Hoseas Tür stand ihr offen. Und sie kam nach Hause.

Natürlich glaubte niemand mehr an Menschen, als Jesus das tat. Er sah in Petrus etwas, das es wert war, gefördert zu werden. In der Frau, die Ehebruch begangen hatte, etwas, das es wert war, Vergebung zu schenken. Und in Johannes etwas, das es wert war, verwendet zu werden. Er sah etwas in dem Verbrecher am Kreuz, und das, was er sah, war es wert, gerettet zu werden. Und im Leben eines grimmig dreinblickenden, blutrünstigen Fanatikers sah er einen begnadeten Apostel. Er glaubte an Saulus. Und das zeigte er ihm durch Hananias.

„Lieber Bruder Saulus, Jesus, der Herr, der dir unterwegs erschienen ist, hat mich zu dir geschickt, damit du mit dem Heiligen Geist erfüllt wirst und wieder sehen kannst."

Geben Sie Ihren Saulus nicht auf. Wenn andere ihn abschreiben, geben Sie ihm noch eine Chance. Bleiben Sie stark. Nennen Sie ihn „Bruder". Nennen Sie sie „Schwester". Erzählen Sie Ihrem Saulus von Jesus und beten Sie. Und vergessen Sie nicht: Gott schickt Sie niemals irgendwohin, wo er nicht zuvor selbst gewesen ist. Wer weiß, was Sie vorfinden, wenn Sie bei Ihrem Saulus ankommen.

Meine Lieblings-Hananias-Geschichte handelt von zwei Studenten, die sich im Wohnheim ein Zimmer teilten. Der Hananias der beiden war ein gutmütiger Typ. Er war nachsichtig, wenn sein Freund spätabends betrunken nach Hause kam, sich nachts noch übergeben musste und dann am nächsten Morgen bis in die Puppen schlief. Er beschwerte sich nicht, wenn sein Freund am Wochenende auf Achse ging oder im Auto rauchte. Er hätte um einen Mitbewohner bitten können, der häufiger zur Kirche ging oder weniger fluchte oder etwas anderes im Kopf hatte als Mädchen.

Doch er blieb seinem persönlichen Saulus treu und muss offensichtlich geglaubt haben, dass etwas Gutes dabei herauskommen könnte, wenn dieser Kerl sein Leben auf die Reihe kriegen würde. Also räumte er immer wieder das Chaos auf, lud seinen Mitbewohner zum Gottesdienst ein und hielt ihm den Rücken frei.

Ich kann mich nicht an ein helles Licht oder eine laute Stimme erinnern. Ich bin nie auf einer Wüstenstraße nach Damaskus gereist. Aber ich weiß noch ganz genau, wie Jesus mich von meinem hohen Ross stieß und das Licht einschaltete. Es hat vier Semester gedauert, doch Steves Vorbild und Jesu Botschaft kamen letztendlich bei mir an.

Wenn dieses Buch Sie beflügeln sollte, dann danken Sie Gott doch für meinen Hananias – Steve Green. Hören Sie auf die Stimme in Ihrem Herzen, und schauen Sie auf Ihrem Stadtplan nach, wo die Straße ist, die man „die Gerade" nennt.

Doch gerade deshalb war Gott mir ganz besonders barmherzig. An mir wollte Jesus Christus zeigen, wie groß seine Geduld mit uns Menschen ist. An meinem Beispiel soll jeder erkennen, dass wirklich alle durch den Glauben an Christus ewiges Leben finden können (1. Timotheus 1,16).

Oh Herr, im Laufe der Geschichte hast du immer wieder bewiesen, dass es *niemanden* gibt, der für deine Gnade unerreichbar ist. Wen halte ich für einen hoffnungslosen Fall? Gibt es da jemanden, der dich noch nicht kennt, der aber Teil deiner Familie werden soll – vielleicht durch mich? Für welchen „Saulus" da draußen könnte ich zu einem „Hananias" werden? Vater, ich bete, dass du deine Größe und Kraft dadurch zeigst, dass du mich auf irgendeine Weise dazu gebrauchst, einen „unwahrscheinlichen Kandidaten" zu deinem Sohn zu bringen. Hilf mir, meine Ängste zu überwinden und meine falschen Vorstellungen abzulegen, wenn du durch mich wirkst, um einen anderen in die Gemeinschaft deiner Kinder zu bringen. Amen.

Kapitel 14

Lassen Sie das hohe Ross im Stall

Aber Gott hat mir gezeigt: Ich darf keinen
Menschen für unrein halten und ihm darum
die Gemeinschaft verweigern
(Apostelgeschichte 10,28).

Molokai, das Glanzstück unter den hawaiianischen Inseln. Die Urlauber kommen wegen seines ruhigen Charmes, der sanften Brise und dem weichen Rasen nach Molokai. Doch Vater Damien kam aus einem anderen Grund. Er kam, um Menschen beim Sterben zu helfen.

Er kam nach Molokai, weil die Lepra bereits dort war. Niemand weiß, wie diese Krankheit genau nach Hawaii gekommen ist. Um das Jahr 1840 herum wurde der erste Leprafall dokumentiert. Doch auch wenn niemand die Herkunft der Krankheit erklären kann, so sind doch ihre Auswirkungen unverkennbar: Entstellung, Verfall und panische Angst.

Die Regierung reagierte mit einer zivilen Form alttestamentlicher Aussonderung. Die Erkrankten wurden auf eine dreieckige Landzunge namens Kalaupapa verfrachtet. An drei Seiten von Wasser umschlossen und an der vierten von den höchsten Meeresklippen der Welt, war die Halbinsel ein natürliches Gefängnis. Man kam schwer dorthin. Und noch schwerer wieder von dort weg.

Die Leprakranken vegetierten von aller Welt verlassen in Hütten mit einem Minimum an Essen vor sich hin. Die Schiffe fuhren bis nah an die Küste heran, dann warf die Besatzung Nahrungsmittel ins Wasser und hoffte, dass die Kisten ans Ufer treiben würden. Die Gesellschaft schickte den Aussätzigen ein klares Signal: Ihr seid nichts mehr wert.

Doch Vater Damien hatte eine andere Botschaft für sie. Er hatte bereits ein Jahrzehnt auf den Inseln gedient, als er 1873 im Alter von 33 Jahren an seinen Vorgesetzten schrieb: „Ich möchte mich für die armen Leprakranken aufopfern."

Er betrat ihre Welt, verband Geschwüre, umarmte Kinder und begrub die Toten. Seine Chorsänger sangen durch den Schutz von Lumpen und die Gemeindeglieder empfingen das Abendmahl in verstümmelte Hände. Weil sie Gott am Herzen lagen, lagen sie auch ihm am Herzen. Wenn er von seiner Gemeinde sprach, sagte er nicht „meine Brüder und Schwestern", sondern „wir Aussätzige". Er wurde einer von ihnen. Buchstäblich.

Irgendwann, durch eine freundliche Berührung oder durch das gemeinsame Abendmahlsbrot, ging die Krankheit vom Gemeindemitglied auf den Priester über. Damien erkrankte an Lepra. Und am 15. April 1889, vier Tage vor Karfreitag, starb er.[39]

Heute können wir Lepra behandeln. Wir stellen Leute nicht mehr unter Quarantäne. Bei uns im Westen gibt es keine solchen Kolonien mehr. Aber wie steht es mit unserer Herzenshaltung? Betrachten wir noch immer manche Menschen als minderwertig?

Auf dem Schulhof unserer Grundschule taten wir das. Alle Jungen aus Mrs Amburgys erster Klasse taten sich zusammen, um ihre männliche Überlegenheit zum Ausdruck zu bringen. In der Pause versammelten wir uns jeden Tag auf dem Schulhof, hakten uns beieinander unter und marschierten schreiend herum: „Jungen sind besser als Mädchen! Jungen sind besser als Mädchen!" Offen gestanden fand ich das gar nicht, aber mir gefiel das Gefühl der Zusammengehörigkeit. Die Mädchen bildeten daraufhin ihren eigenen Klub. Sie stolzierten durch die Schule und verkündeten ihre Abneigung gegenüber Jungen. Bei uns ging es wirklich lustig zu.

Wir Menschen neigen dazu, Hackordnungen zu etablieren. Wir lieben es, uns auf unser hohes Ross zu schwingen. Der Junge schaut auf das Mädchen herab oder das Mädchen auf den Jungen. Der Wohlhabende auf den Mittellosen. Der Gebildete auf den Schulabbrecher. Der Alteingesessene auf den Neuankömmling. Der Jude auf den Griechen.

In den Anfängen der jungen Gemeinde klaffte ein unüberwindbarer Graben zwischen Juden und Griechen. Ein Jude konnte keine Milch trinken, die von Griechen gemolken worden war, oder von Griechen Essen annehmen. Juden konnten einer heidnischen Mutter in ihrer Stunde der Not nicht beistehen. Jüdische Ärzte konnten keine nichtjüdischen Patienten behandeln.[40]

Kein Jude wollte irgendetwas mit einem Heiden zu tun haben. In ihren Augen waren diese unrein.

Es sei denn, natürlich, dieser Jude war Jesus. Eine neue Ordnung begann sich abzuzeichnen, als dieser eine seltsame Unterhaltung mit einer kanaanitischen Frau führte. Ihre Tochter lag im Sterben und so bat sie Jesus inständig um Hilfe. Aber sie war heidnischer Abstammung.

„Ich habe nur den Auftrag, den Israeliten zu helfen, die sich von Gott abgewandt haben und wie verlorene Schafe umherirren", erklärte Jesus ihr.

„Ja, Herr", erwiderte die Frau, „aber die kleinen Hunde bekommen doch auch die Krümel, die vom Tisch ihrer Herren herunterfallen" (Matthäus 15,24.27).

Jesus heilte die Tochter der Frau und machte damit klar: Er will lieber alle nach Hause bringen, als bestimmte Leute auszuschließen.

Das war der Zwiespalt, in dem auch Petrus steckte. Seine Erziehung vermittelte ihm: „Halte dich von Heiden fern." Doch sein Christus sagte: „Baue Brücken zu den Heiden." Und Petrus musste sich entscheiden. Eine Begegnung mit einem Mann namens Kornelius führte eine Entscheidung herbei.

Kornelius war ein Hauptmann in der römischen Armee. Also beides: ein Heide und ein schlechter Kerl. Er aß die falschen Lebensmittel, war mit den falschen Leuten befreundet und hatte dem Kaiser die Treue geschworen. Er zitierte nicht die Tora und war auch kein Nachkomme Abrahams. Am Körper die Toga und Frevelhaftes im Kühlschrank. Keine Kippa auf dem Kopf und kein Bart im Gesicht. Wohl kaum das Zeug zum Diakon. Unbeschnitten, unkoscher, unrein. Seht euch den mal an.

Doch halt, seht euch den noch einmal an. Genauer. Er half Menschen in Not und sympathisierte mit jüdischen Moralvorstellungen. Er war freundlich und fromm. „Er war ein Mann, der Gott ehrte und sich mit allen, die in seinem Haus lebten, zu ihm bekannte. Er tat viel für die Armen und betete regelmäßig zu Gott" (Apostelgeschichte 10,2). Kornelius war sogar per Du mit einem Engel. Dieser trug ihm auf, sich mit Petrus in Verbindung zu setzen, der sich 50 Kilometer entfernt in der Hafenstadt Joppa bei einem Freund aufhielt. Kornelius sandte daraufhin drei Männer los, um Petrus zu suchen.

Petrus bemühte sich unterdessen nach Kräften, mit knurrendem Magen zu beten. „Petrus hatte Hunger. Während man sein Essen zubereitete, hatte er eine Vision: Petrus sah etwas vom Himmel herabkommen. Es sah aus wie ein großes Leinentuch, das – an seinen vier Ecken zusammengehalten – auf die Erde heruntergelassen wurde. In dem Tuch waren alle möglichen Arten von vierfüßigen Tieren und Kriechtieren, aber auch von Vögeln. Alle diese Tiere sind für Juden ‚unrein‘ und dürfen deshalb nicht gegessen werden. Dann hörte Petrus eine Stimme, die ihn aufforderte: ‚Petrus, steh auf, schlachte diese Tiere und iss davon!‘" (Verse 10–13).

In dem Tuch war genug unkoscheres Essen, um jedem strenggläubigen Juden die Haare zu Berge stehen zu lassen. Petrus widersprach aufs Heftigste. „Niemals, Herr! Noch nie in meinem Leben habe ich etwas Unreines oder Verbotenes gegessen" (Vers 14).

Doch Gott machte keine Witze. Er sandte die Vision dreimal und brachte den armen Petrus damit in eine echte

Zwickmühle. Der besah sich gerade die Schweine in dem Tuch genauer, als es an seiner Tür klopfte. Und während es klopfte, hörte er, wie Gottes Geist zu ihm sprach: „Es sind drei Männer zu dir gekommen. Geh hinunter und reise mit ihnen. Du brauchst keine Bedenken zu haben, denn ich habe sie gesandt" (Verse 19–20).

„Keine Bedenken" kann man auch mit „keine Vorurteile" oder „ganz unvoreingenommen" übersetzen. Dies war ein großer Augenblick für Petrus.

Man muss ihm zugutehalten, dass er die Gesandten einlud, über Nacht zu bleiben, und am darauffolgenden Morgen loszog, um Kornelius kennenzulernen. Als Petrus eintraf, fiel Kornelius vor ihm auf die Knie. Petrus nötigte ihn aufzustehen und bekannte, wie schwierig diese Entscheidung für ihn gewesen war. „Ihr wisst ebenso wie ich, dass es einem Juden streng verboten ist, in das Haus eines Nichtjuden zu gehen oder sich auch nur mit ihm zu treffen. Aber Gott hat mir gezeigt: Ich darf keinen Menschen für unrein halten und ihm darum die Gemeinschaft verweigern" (Vers 28).

Petrus erzählte Kornelius von Jesus und erklärte ihm die Gute Nachricht, und ehe er noch eine Einladung aussprechen konnte, war der Heilige Geist bereits mitten unter ihnen, und sie erlebten eine Neuauflage von Pfingsten: Sie redeten in fremden Sprachen und lobten Gott. Petrus lud Kornelius und seine Freunde ein, sich taufen zu lassen. Sie nahmen an. Und luden ihn wiederum ein, über Nacht zu bleiben. Petrus nahm an. Am Ende seines Besuches strich Petrus sich seine eigenen Schinkenbrote.

Und wir? Uns geht noch der Vers 28 nach: „Aber Gott hat mir gezeigt: Ich darf keinen Menschen für unrein halten und ihm darum die Gemeinschaft verweigern."

Das Leben ist so viel einfacher ohne dieses Gebot. Solange wir Menschen als niveaulos oder unerwünscht abstempeln können, können wir sie auf Kalaupapa abschieben und getrennte Wege gehen. Etiketten entbinden uns von der Verantwortung. Schubladendenken eignet sich hervorragend dazu, die Hände in Unschuld zu waschen und sich abzuwenden.

„Ach, John, den kenne ich. Der ist Alkoholiker." (Übersetzung: „Warum hat der sich nicht besser im Griff?")

„Der neue Chef ist liberaler Demokrat." (Übersetzung: „Ist dem nicht klar, dass er damit voll danebenliegt?")

„Ach, die kenne ich. Die ist geschieden." (Übersetzung: „Mit der ist es nicht einfach.")

Wenn man Menschen in Schubladen steckt, schafft das Distanz und schenkt uns eine willkommene Ausrede, warum wir uns nicht einzumischen brauchen.

Jesus hatte eine völlig andere Haltung. Er tat alles, um Menschen einzuschließen, nicht auszuschließen. „Das Wort wurde Mensch und lebte unter uns" (Johannes 1,14). Jesus berührte Aussätzige, liebte Ausländer und verbrachte so viel Zeit mit Partygängern, dass die Leute ihn schon einen „Vielfraß und Säufer, Kumpan der Zolleinnehmer und Sünder" nannten (Matthäus 11,19; GN).

Rassismus konnte ihn nicht von der samaritischen Frau fernhalten, Dämonen konnten ihn nicht von dem Besessenen fernhalten. Zu seinen Facebook-Freunden zählten Leute wie

Zachäus, der Meister des Schneeballsystems, Matthäus, der Steuerbeamte, und ein leichtes Mädchen, das er im Haus von Simon getroffen hatte. „Er war in allem Gott gleich, und doch hielt er nicht gierig daran fest, so wie Gott zu sein. Er gab alle seine Vorrechte auf und wurde einem Sklaven gleich. Er wurde ein Mensch in dieser Welt und teilte das Leben der Menschen" (Philipper 2,6–7; GN).

Sein Vorbild besagt: Schluss mit den Pausenhofangebereien. „Haltet niemanden für unrein und verweigert ihm darum die Gemeinschaft!"

Mein Freund Roosevelt würde dem beipflichten. Er hat ein leitendes Amt in unserer Gemeinde inne und ist einer der nettesten Typen in der Geschichte der Menschheit. In seiner Nachbarschaft lebt eine alleinerziehende Mutter, die von der Hauseigentümergemeinschaft wegen ihres ungepflegten Rasens vorgeladen wurde. Ihr Haus verschwand regelrecht hinter einem Dschungel aus wuchernden Büschen und unbeschnittenen Bäumen. Man verwarnte sie, dass sie ihren Garten in Ordnung bringen müsse. Der Warnung folgte ein Besuch eines Polizisten. Der Ordnungshüter gab ihr eine Frist von zwei Wochen, um die Arbeiten zu erledigen, ansonsten müsse sie vor Gericht erscheinen. Ihr Garten war der Schandfleck der Straße, vielleicht sogar ein Gesundheitsrisiko.

Roosevelt jedoch stattete seiner Nachbarin Terry einen Besuch ab. Hinter jeder Haustür verbirgt sich eine Geschichte und er stieß dort auf eine traurige. Terry hatte gerade erst eine schwierige Scheidung hinter sich gebracht, war nach einer Operation noch nicht vollständig genesen und legte im Krankenhaus Nachtschichten und Überstunden ein, um irgendwie über die Runden zu kommen. Ihr einziger Sohn war im Irak stationiert. Terry kämpfte ums Überleben: allein, krank und erschöpft. Rasenpflege? Das war die geringste ihrer Sorgen.

Also trommelte Roosevelt einige Nachbarn zusammen und gemeinsam rückten sie dem Garten an einem Samstagmorgen zu Leibe. Sie beschnitten Büsche und Äste und entsorgten Dutzende Säcke mit Laub. Einige Tage später schrieb Terry dem Vorstand der Hauseigentümergemeinschaft den folgenden Brief:

Sehr geehrte Damen und Herren,

es ist mir ein großes Anliegen, dass die Siedlung erfährt, welch tolle Nachbarn ich habe. Diese Nachbarn haben selbstlos in meinem Garten geschuftet.

Das hat mich sehr ermutigt und mir gezeigt, dass hier immer noch mitfühlende Menschen wohnen, die sich um Fremde in Not kümmern und ihnen ein wenig von ihrer Last abnehmen. Ich kann diese Nachbarn nur in den höchsten Tönen loben und nur unzureichend zum Ausdruck bringen, wie dankbar ich für ihre harte Arbeit, ihre positive Einstellung und ihre Fröhlichkeit bin. Dies ist umso erstaunlicher angesichts der Tatsache, dass mein Vater ein Rabbi war und an meiner Haustür eine Mesusa hängt!

Roosevelt hatte wie Christus gehandelt. Christus sah Menschen als Gelegenheit für Mitgefühl, nicht als Probleme.

Sie kommen mit Ihren Freunden in die Mensa und nehmen sich Ihre Essenstabletts. Während Sie sich an einen Tisch setzen, stößt einer der jungen Männer Sie an und sagt: „Schaut euch mal den da an, der muss neu sein." Sie wissen sofort, wer gemeint ist. Es ist der einzige Student, der einen Turban trägt. Ihr Freund lässt folgende Weisheit vom Stapel: „Der trägt ja noch sein Duschhandtuch."

Sie hätten vielleicht ebenfalls einen Witz gemacht, wenn Ihr Pastor nicht gerade gestern erst über die Geschichte von Petrus und Kornelius gepredigt und den folgenden Vers gelesen hätte: „Aber Gott hat mir gezeigt: Ich darf keinen Menschen für unrein halten und ihm darum die Gemeinschaft verweigern" (Apostelgeschichte 10,28).

Hmmm.

Der Typ am Nachbartisch trägt Stiefel, konsumiert Kautabak und fährt eine Karre mit Gewehrhalterung. Sie tragen Slipper, bauen ihr Gemüse selbst an und fahren einen Hybridwagen, außer freitags, da strampeln Sie mit dem Fahrrad zur Arbeit. Er reißt rassistische Witze. Hat er denn nicht gemerkt, dass Sie Schwarzer sind? Er hat die Flagge der Konföderierten als Bildschirmschoner. Ihr Urgroßvater war ein Sklave. Sie würden nur allzu gerne zu diesem Proleten auf Abstand gehen.

Doch in der morgendlichen Stillen Zeit haben Sie die folgende Herausforderung gelesen: „Aber Gott hat mir gezeigt: Ich darf keinen Menschen für unrein halten und ihm darum die Gemeinschaft verweigern" (Apostelgeschichte 10,28).

Was tun Sie jetzt also?

Noch ein Szenario. Sie sind Vorsteher eines Waisenhauses. Dabei stolpern Sie in den Geburtsurkunden über ein beunruhigendes Wort: *unehelich*. Auf Nachforschungen hin erfahren Sie, dass dieses Wort ein bleibender Stempel ist, der immer in der Geburtsurkunde stehen wird.

Edna Gladney fand nämlich genau das heraus. Und sie fand diese Vorstellung unerträglich. Wenn *ehelich* legal, gesetzmäßig und gültig heißt, was heißt dann *unehelich*? Können Sie sich vorstellen, was es bedeutet, mit so einem Stempel zu leben?

Mrs Gladney konnte sich mit dieser Vorstellung einfach nicht abfinden. Es dauerte drei Jahre, aber 1936 wurde die Gesetzgebung in Texas auf ihr Einwirken hin dahingehend geändert, dass dieser Ausdruck von Geburtsurkunden entfernt wurde.[41]

Gott möchte, dass wir Menschen mit neuen Augen sehen. Dass wir sie nicht als Heiden oder Juden, Insider oder Outsider, Liberale oder Konservative betrachten. Dass wir sie nicht abstempeln. Abstempeln bedeutet aburteilen. „Wir beurteilen auch niemanden mehr nach rein menschlichen Maßstäben" (2. Korinther 5,16).

Lassen Sie uns die Menschen mit anderen Augen sehen; sehen wir sie, wie wir uns selbst sehen. Fehlerhaft, vielleicht. Noch in Arbeit, ganz sicher. Doch einmal gerettet und erneuert, können wir leuchten wie die beiden Buntglasfenster in meinem Büro.

Mein Bruder fand sie auf einem Schrottplatz. Sie waren von einer Kirche ausgemustert worden. Dee, ein geschickter Tischler, nahm sie an sich. Er lackierte das abgeblätterte Holz neu und reparierte den beschädigten Rahmen. Er verschloss auch einige Sprünge im Buntglas. Die Fenster sind nicht perfekt. Doch wenn sie so hängen, dass die Sonne hindurchscheinen kann, tauchen sie den Raum in buntes Licht.

Im Laufe unseres Lebens werden Sie und ich auf ein paar Menschen stoßen, die unsere Gesellschaft weggeworfen hat. Ausgestoßen. Manchmal wurden sie sogar von einer Kirchengemeinde ausgestoßen. Und dann müssen wir uns entscheiden: ablehnen oder retten? Abstempeln oder lieben? Wir wissen, wie Jesus sich entscheiden würde. Wir brauchen uns ja nur anzusehen, wie er mit uns umgegangen ist.

Du [Jesus] allein bist würdig, das Buch zu nehmen, nur du darfst seine Siegel brechen. Denn du bist als Opfer geschlachtet worden, und mit deinem Blut hast du Menschen für Gott freigekauft; Menschen aller Stämme und Sprachen, aus allen Völkern und Nationen (Offenbarung 5,9).

Vater, es ist wirklich ein Aha-Erlebnis, dein Wort aufzuschlagen und all die Menschen zu sehen, die du für deine heiligen Zwecke gebraucht hast: Prostituierte, Mörder, fanatische Verfolger, Lügner, Diebe, Betrüger, Analphabeten, Unwissende, Blinde, Lahme. Erinnere mich immer wieder daran, dass du für jeden Menschen, dem ich begegne, gestorben und auferstanden bist. Hilf mir, dass ich Menschen nicht länger in Schubladen stecke und die einen bevorzuge und die anderen ignoriere. Mache mich vielmehr zu einem Licht, durch das die Menschen Jesus erkennen können. Amen.

Kapitel 15

Beten, beten und nochmals beten

Aber die Gemeinde in Jerusalem hörte nicht
auf, Gott um Hilfe für den Gefangenen [Petrus]
zu bitten (Apostelgeschichte 12,5).

König Herodes konnte es in seiner Sucht nach Anerkennung
mit Hitler aufnehmen. Er ließ den Apostel Jakobus umbrin-
gen, um sich beim Volk beliebt zu machen. Als aufgrund
dieser Hinrichtung seine Umfragewerte nach oben schossen,
steckte er Petrus ins Gefängnis und beschloss, ihn am Jahres-
tag von Jesu Tod hinrichten zu lassen. (Um ein bisschen Salz in
die Wunde zu streuen ...)

Er übergab den Apostel der Obhut von sechzehn Soldaten
Marke KSK und sagte ihnen ganz unverblümt: „Wenn er ent-
kommt, seid ihr tot." (Qualitätssicherung à la Herodes.) Sie
legten Petrus daraufhin in Ketten und verwahrten ihn hinter
drei Türen in den Tiefen des Verlieses.

Was konnte die Gemeinde schon dagegen unternehmen?
Das Problem eines inhaftierten Petrus türmte sich riesengroß
vor der bescheidenen Gemeinschaft auf. Sie konnten keine
Ersatzansprüche geltend machen, hatten keine Beziehungen,

keinen politischen Einfluss. Sie hatten nichts außer der von Furcht durchdrungenen Frage: „Wer ist als Nächster dran? Erst Jakobus, dann Petrus. Wird Herodes die gesamte Gemeindeleitung aus dem Weg räumen?"

Die Kirche hat es noch heute mit Riesen zu tun: Welthunger. Kirchenskandale. Geizige Christen. Korrupte Beamte. Strohköpfige und hartherzige Diktatoren. Petrus' Inhaftierung war lediglich der erste Punkt auf einer langen Liste von Herausforderungen, die für die Kirche zu groß sind.

Doch unsere Jerusalemer Vorfahren haben uns eine Strategie hinterlassen. Ist das Problem größer als wir, dann beten wir! „Aber die Gemeinde in Jerusalem hörte nicht auf, Gott um Hilfe für den Gefangenen [Petrus] zu bitten" (Apostelgeschichte 12,5).

Sie hielten keine Mahnwache vor dem Gefängnis ab, schrieben keine Petitionen an die Regierung, protestierten nicht gegen die Verhaftung oder bereiteten Petrus' Beerdigung vor. Sie beteten. Sie beteten so, als sei das Gebet ihre einzige Hoffnung, und genau das war es auch. Sie „hörten nicht auf, Gott um Hilfe zu bitten".

Einer unserer brasilianischen Gemeindeleiter lehrte mich, was es heißt, richtig engagiert zu beten. Er begegnete Christus während eines einjährigen Aufenthalts in einem Drogenrehazentrum. Drei einstündige Gebetszeiten waren Teil seiner Therapie. Die Patienten mussten zwar nicht beten, aber sie mussten an den Gebetstreffen teilnehmen. Dutzende Drogenabhängige auf dem Weg der Heilung verbrachten sechzig ununterbrochene Minuten auf den Knien.

Ich war erstaunt und bekannte, dass meine Gebete eher kurz und unpersönlich waren. Er lud mich für den darauffolgenden Tag zum Gebet ein. Wir knieten uns auf den Betonboden unseres kleinen Gemeindesaals und begannen, mit Gott zu reden. Korrektur. Ich redete; er weinte, heulte, flehte, schmeichelte und bat. Er hämmerte mit den Fäusten auf den Boden, reckte eine Faust gen Himmel, bekannte jede einzelne Schuld – und bekannte sie dann gleich noch einmal. Er zitierte jede Verheißung aus der Bibel, als bräuchte Gott eine Gedächtnisstütze. Er betete wie Mose.

Als Gott die Israeliten wegen der Aktion mit dem Goldenen Kalb vernichten wollte, flehte Mose nämlich: „Herr, mein Gott, du hast dein Volk aus Ägypten befreit und dabei deine ganze Macht gezeigt! Warum willst du es jetzt im Zorn vernichten? Sollen die Ägypter etwa sagen: ‚Der Herr hat die Israeliten nur aus unserem Land geholt, um sie in den Bergen zu töten und vom Erdboden verschwinden zu lassen!' […] Denk daran, dass du deinen Dienern Abraham, Isaak und Jakob bei deinem Namen geschworen hast: ‚Ich lasse eure Nachkommen so zahlreich werden wie die Sterne am Himmel. Sie werden das Land, das ich euch versprochen habe, für immer in Besitz nehmen!'" (2. Mose 32,11–13).

Mose ist auf dem Berg Sinai alles andere als ruhig. Er betet auch nicht still mit gefalteten Händen und einem feierlichen Gesichtsausdruck. Mal liegt er auf seinem Gesicht, mal springt er beinahe Gott ins Gesicht. Er kniet, streckt den Finger aus, hebt die Hände. Vergießt Tränen. Zerreißt seinen Mantel. Ringt wie Jakob am Jabbok um das Leben seines Volkes.

Und Gott erhörte ihn! „Da lenkte der Herr ein und ließ das angedrohte Unheil nicht über sie hereinbrechen" (Vers 14).

Unsere leidenschaftlichen Gebete rühren Gottes Herz. „Denn das Gebet eines Menschen, der nach Gottes Willen lebt, hat große Kraft" (Jakobus 5,16). Gebet verändert nicht das Wesen Gottes; wer er ist, wird sich niemals ändern. Gebet verändert aber den Lauf der Geschichte. Gott hat seine Welt an die Steckdose angeschlossen, doch er verlangt von uns, dass wir den Schalter betätigen.

Und genau das tat die Gemeinde in Jerusalem.

Aber die Gemeinde in Jerusalem hörte nicht auf, Gott um Hilfe für den Gefangenen zu bitten. In der letzten Nacht vor dem Prozess schlief Petrus angekettet zwischen zwei Soldaten, während zwei andere vor der Zelle Wache hielten. Plötzlich betrat ein Engel des Herrn die Zelle, und Licht erfüllte den Raum. Der Engel weckte Petrus, indem er ihn anstieß, und sagte zu ihm: „Steh schnell auf!" Sofort fielen Petrus die Ketten von den Handgelenken. „Binde deinen Gürtel um, und zieh deine Sandalen an", befahl ihm der Engel. „Nimm deinen Mantel, und folge mir!" (Apostelgeschichte 12,5–8).

Der Apostel, der sich einmal wunderte, wie Christus bei einem Sturm schlafen konnte, macht während seines eigenen Unwetters ebenfalls ein Nickerchen.

Schmunzeln wir ruhig über das Szenario. Ein Engel kommt vom Himmel auf die Erde herab. Gott allein weiß, wie viele Dämonen er unterwegs bekämpfen muss. Er düst durch die

Straßen von Jerusalem, bis er das Gefängnis des Herodes erreicht. Dann überwindet er drei schmiedeeiserne Türen und eine Gruppe von Soldaten und steht schließlich vor Petrus. Die Helligkeit scheint auf den Gefangenen hinab wie die Julisonne im Death Valley. Doch Petrus verschläft den Weckruf. Der alte Fischer träumt von galiläischem Wolfsbarsch.

„Petrus.“

Keine Reaktion.

„Petrus!“

Zzzzz.

„Petrus!!!“

Ich frage mich ja, ob Engel Menschen mit den Ellbogen oder mit den *Flügeln* anstoßen … Wie dem auch sei. Ketten fallen klirrend zu Boden. Der Engel muss den schlaftrunkenen Petrus daran erinnern, wie man sich ankleidet. *Erst die Sandalen. Jetzt den Mantel.* Die Türen gehen nacheinander auf. Und irgendwo auf dem Weg zu Marias Haus dämmert es Petrus, dass er nicht träumt. Der Engel zeigt ihm noch den Weg, dann verschwindet er, wobei er etwas davon murmelt, dass er beim nächsten Mal eine Trompete mitbringen wird.

Zu Recht erstaunt, geht Petrus zum Haus von Maria. Bei dieser findet wiederum gerade seinetwegen ein Gebetstreffen statt. Die Bude ist gerammelt voll mit seinen Freunden, die das Haus mit inständiger Fürbitte erfüllen.

Petrus muss sicherlich lächeln, als er sie beten hört. Er klopft an die Tür. Eine Dienerin schaut nach, wer da ist, doch anstatt zu öffnen, rennt sie zurück zum Kreis der Beter und verkündet:

„Petrus steht draußen vor der Tür!", rief sie.

„Du musst dich irren!", meinten die anderen. Aber sie blieb bei ihrer Behauptung. Jetzt vermuteten einige: „Vielleicht ist es sein Engel!" (Verse 14–15).

Ich muss gestehen, dass ich ein wenig erleichtert bin, wenn ich das lese. Selbst die frühen Nachfolger hatten Mühe zu glauben, dass Gott ihre Gebete erhören würde. Selbst als die Gebetserhörung an die Tür klopfte, waren sie noch skeptisch.

Daran hat sich bis heute nichts geändert. Die meisten von uns haben mit dem Beten so ihre liebe Mühe. Wir vergessen zu beten, und wenn wir uns doch daran erinnern, leiern wir unsere Gebete mit leeren Worten herunter. Unser Geist schweift ab, unsere Gedanken zerstieben wie ein Schwarm Tauben. Warum? Beten erfordert nur ein Minimum an Anstrengung. Es muss an keinem besonderen Ort stattfinden. Man braucht auch keine spezielle Kleidung. Keinen Titel oder Amt. Und doch könnte man meinen, Beten sei ein Ding der Unmöglichkeit.

Man muss dazu sagen, dass Satan versucht, unsere Gebete zu unterbrechen. Dass wir so mit Gebet zu kämpfen haben, ist nicht allein unsere Schuld. Der Teufel kennt die Geschichten; er war Zeuge, als der Engel Petrus in der Zelle aufsuchte, und auch bei der Erweckung in Jerusalem war er dabei. Er weiß, was geschieht, wenn wir beten. „Die Waffen, mit denen wir unseren Kampf führen, sind nicht die Waffen dieser Welt. Es sind Waffen von durchschlagender Kraft, die dazu dienen, im Einsatz für Gott feindliche Festungen zu zerstören" (2. Korinther 10,4; NGÜ).

Es beunruhigt Satan nicht, wenn Max Lucado Bücher schreibt oder Predigten vorbereitet, aber seine knotigen Knie zittern, wenn Max Lucado betet. Satan stottert oder stolpert nicht, wenn Sie ein Gemeindehaus betreten oder an Besprechungen teilnehmen. Es stört Dämonen nicht, wenn Sie dieses Buch lesen. Aber die Mauern der Hölle geraten ins Wanken, wenn eine Person ehrlichen Herzens und glaubend bekennt: „Oh Gott, wie groß bist du."

Satan hält Sie und mich vom Beten ab. Er versucht, sich zwischen uns und Gott zu schieben. Aber er flitzt herum wie ein erschrockener Hund, wenn wir uns nicht aus dem Konzept bringen lassen. Also lassen wir uns nicht bremsen.

Unterstellt euch Gott, und widersetzt euch dem Teufel. Dann muss er von euch fliehen (Jakobus 4,7–8).

Der Herr ist denen nahe, die zu ihm beten und es ehrlich meinen (Psalm 145,18).

Als die Kinder Israels gegen die Amalekiter in die Schlacht zogen, entschied sich Mose für den Berg des Gebets und nicht für das Tal der Schlacht (2. Mose 17,8–13). Die Israeliten siegten.

Als Abraham von der drohenden Zerstörung Sodom und Gomorras erfuhr, blieb Abraham mit Gott zurück, anstatt eilig loszurennen, um die Städte zu warnen (1. Mose 18,22).

Nehemia erfuhr von Beratern, dass Jerusalem in Schutt und Asche lag. Bevor er ein Fundament aus Stein legte, legte er erst einmal ein Fundament aus Gebet (Nehemia 1,4).

Die Briefe des Paulus enthalten mehr Bitten um Gebet als um Geld, Güter oder Annehmlichkeiten.

Und erst Jesus. Unser Jesus, der sehr, sehr oft betet:

Er steht früh auf, um zu beten (Markus 1,35).

Er schickt Leute fort, um zu beten (Matthäus 13,23).

Er steigt auf einen Berg, um zu beten (Lukas 9,28).

Er kreiert ein Modellgebet, um uns das Beten zu lehren (Matthäus 6,9–13).

Er reinigt den Tempel, damit andere beten können (Matthäus 21,12–13).

Er geht in einen Garten, um zu beten (Lukas 22,39–46).

Jesu Reden und Handeln waren mit Gebet durchtränkt. Und große Dinge geschehen, wenn wir das Gleiche tun.

Peggy Smith war 84 Jahre, ihre Schwester Christine 82. Die Jahre hatten Ersterer das Augenlicht genommen und den Rücken von Letzterer gebeugt. Keine von beiden konnte mehr das Haus verlassen, um zur Gemeinde zu gehen.

Doch sie wurden von ihrer Gemeinde gebraucht.

Die beiden lebten auf der Isle of Lewis, einer Hebrideninsel. Geistige Dunkelheit hatte sich auf ihr Dorf Barvas gelegt. Die Gemeinde verlor Mitglieder und die Jugendlichen machten sich über den Glauben lustig und hielten das Christentum für eine echte Plage. Im Oktober 1949 rief die *Presbytery of Free Church* ihre Mitglieder zum Beten auf.

Doch was konnten zwei betagte, ans Haus gebundene Schwestern schon tun? Eine ganze Menge, fanden sie. Sie verwandelten ihr kleines Häuschen in ein Haus der Gebetsnächte. Zweimal in der Woche baten sie Gott von 22:00 bis 4:00 Uhr um Gnade für ihre Stadt. Nach einigen Monaten erzählte Peggy Christine, dass Gott ihr Folgendes gesagt hatte: „Denn ich gieße Wasser auf das durstige Land und Ströme auf das ausgetrocknete Feld" (Jesaja 44,3).

Sie war sich so sicher, die Botschaft richtig verstanden zu haben, dass sie ihren Pastor dazu drängte, eine Evangelisationsveranstaltung durchzuführen und den bekannten Evangelisten Duncan Campbell einzuladen. Das tat der Pastor zwar, aber Campbell musste aus Termingründen ablehnen. Peggy ließ sich dadurch nicht beirren. „Gott hat gesagt, dass er kommen wird, also wird er binnen zwei Wochen hier sein." Gott verschob Campbells andere Termine und innerhalb von zwei Wochen ging es los.

Fünf Wochen lang predigte Duncan Campbell in Barvas. Die Menschen kamen in Scharen zu den vier Gottesdiensten, die um 19:00 Uhr, 22:00 Uhr, um Mitternacht und 3:00 Uhr in der Früh stattfanden. Es war unübersehbar, dass Gott die Herzen der Menschen anrührte. Hunderte kamen zum Glauben. Kaschemmen schlossen aus Mangel an Gästen. Kneipen leerten sich und die Gemeinde wuchs. Die Isle of Lewis schmeckte die Gegenwart Gottes. Und das alles, weil zwei Frauen beteten.[42]

Darum:

Lassen Sie uns beten, und zwar *zuerst*. Unternehmen Sie Reisen, um den Hungernden zu helfen? Achten Sie darauf, für Ihr Projekt zu beten. Versuchen Sie, die Knoten der Ungerechtigkeit zu lösen? Beten Sie. Haben Sie es satt, dass es in dieser Welt so viel Rassismus und trennende Mauern gibt? Gott ebenfalls. Und er würde liebend gerne mit Ihnen darüber reden.

Lassen Sie uns beten, und zwar *hauptsächlich*. Hat Gott uns dazu aufgefordert, ohne Unterlass zu predigen? Oder ohne Unterlass zu lehren? Oder ohne Unterlass Ausschusssitzungen abzuhalten? Oder ohne Unterlass zu singen? Nein, aber er hat uns aufgefordert, ohne Unterlass zu beten (1. Thessalonicher 5,17).

Hat Jesus gesagt: „Mein Haus soll ein Haus des Studiums sein? Der Gemeinschaft? Der Musik? Ein Haus der Bibelauslegung? Ein Haus der Aktivitäten?" Nein, aber er hat gesagt: „Mein Haus soll für alle Völker ein Ort des Gebets sein" (Markus 11,17).

Bei keiner anderen geistlichen Aktivität sind derartige Ergebnisse garantiert. „Wenn zwei von euch hier auf der Erde meinen Vater im Himmel um etwas bitten wollen und darin übereinstimmen, dann wird er es ihnen geben" (Matthäus 18,19). Eine demütige, betende Einstellung rührt ihn an.

Ende 1964 besetzten kommunistische Simba-Rebellen die Stadt Bunia in Zaire. Sie verhafteten und exekutierten viele Bürger. Unter ihren Opfern befand sich auch ein Pastor namens Zebedayo Idu. Sie verurteilten ihn zum Tod durch ein Erschießungskommando und steckten ihn über Nacht ins Gefängnis. Am folgenden Morgen wurden er und eine große Zahl Gefangener auf einen Lastwagen gepfercht und zur Hinrichtung auf einen öffentlichen Platz gefahren. Ohne eine Erklärung abzugeben, befahl der Offizier den Gefangenen, sich in einer Reihe aufzustellen und abzuzählen: „Eins, zwei, eins, zwei, eins, zwei." Die Einsen wurden vor das Erschießungskommando gestellt. Die Zweien wurden zurück ins Gefängnis gebracht. Pastor Zebedayo gehörte zu denen, die verschont blieben.

Zurück in der Gefängniszelle konnten die Gefangenen das Gewehrfeuer hören. Der Pastor nutzte den erschütternden Moment, um den anderen von Jesus und der Hoffnung auf den Himmel zu erzählen. Acht der Gefangenen vertrauten an jenem Tag ihr Leben Gott an. Pastor Idu war noch nicht lange fertig, da klopfte ein aufgeregter Mann mit einem Entlassungsbefehl an die Tür. Der Pastor war versehentlich verhaftet worden und durfte gehen.

Er verabschiedete sich von den Gefangenen und eilte zu seinem Haus, das neben der Kapelle stand. Dort fand er eine große Schar Gläubige vor, die inständig für seine Freilassung beteten. Als sie ihre Gebetserhörung zur Tür hereinkommen sahen, wurde aus dem Gebetsgottesdienst ein Dankgottesdienst.[43]

Derselbe Gott, der die Gebete aus Jerusalem hörte, hörte auch die Gebete aus Zaire. Und er erhört sie noch heute. Beten wir auch noch?

Lasst euch durch nichts vom Gebet abbringen, und vergesst dabei nicht, Gott zu danken. Betet auch für uns, damit Gott uns eine Möglichkeit gibt, sein Geheimnis zu verkünden: die Botschaft von Christus (Kolosser 4,2–3).

Gott Abrahams, Isaaks und Jakobs, du hast alles erschaffen und du erhältst es durch deine unendliche Weisheit und grenzenlose Macht. Und doch lädst du mich ein, im Gebet zu dir zu kommen, kühn und mit der Erwartung, dass du mich hören und mir antworten wirst. Lehre mich, Herr, dieses wunderbare Vorrecht auszukosten, ganz besonders dann, wenn es darum geht, andere mit deiner Liebe zu erreichen. Öffne mein Herz für die, die die Fülle deiner Gnade noch erfahren müssen, und erinnere mich daran, für sie und ihr diesseitiges, aber auch jenseitiges Wohlergehen zu beten. Amen.

Kapitel 16

Der da mit der Geige, das ist Jesus

Das will ich euch sagen. Was ihr für einen
meiner geringsten Brüder getan habt,
das habt ihr für mich getan! (Matthäus 25,40).

Am 12. Januar 2007, um 7:51 Uhr, nahm ein junger Musiker in einer U-Bahn-Station in Washington, D. C., an einer Wand seinen Platz ein. Er trug Jeans, ein langärmliges Shirt und eine Baseballkappe mit einem Emblem der *Washington Nationals*. Er öffnete einen Geigenkoffer, nahm sein Instrument heraus, warf ein paar Scheine und Kleingeld als Startkapital in den Koffer und begann zu spielen.

Er spielte 43 Minuten lang. Er trug sechs klassische Stücke vor. In dieser Zeit gingen 1.097 Leute vorbei. Sie warfen insgesamt 32,17 Dollar in seinen Geigenkoffer. Von den 1.097 Personen blieben sieben – nur sieben! – länger als 60 Sekunden stehen. Und einer der sieben – nur einer! – erkannte den Violinisten Joshua Bell.

Drei Tage vor diesem U-Bahn-Auftritt, der von der *Washington Post* inszeniert worden war, hatte Bell das Bostoner Konzerthaus gefüllt, wo schon Sitzplätze der mittleren Kategorie 100 Dollar kosteten. Zwei Wochen nach diesem Experiment spielte er in einem restlos ausverkauften Konzertsaal in Bethesda, Maryland. Mit seinem Talent kann Joshua Bell 1.000 Dollar die Minute verlangen. An jenem Tag in der U-Bahn-Station verdiente er gerade mal genug, um ein Paar billige Schuhe zu kaufen.

Und das war sicher nicht die Schuld des Instruments. Bell spielte eine Stradivari aus dem goldenen Zeitalter von Stradivaris Schaffen. Sie ist 3,5 Millionen Dollar wert. Auch die Musik war nicht schuld. Bell spielte fehlerlos ein Werk von Johann Sebastian Bach, das er einmal als „eine der größten Errungenschaften in der Menschheitsgeschichte" bezeichnet hat.

Doch kaum jemand nahm davon Notiz. Niemand erwartete in einem solchen Umfeld Majestätisches. Zu seiner Rechten der Schuhputzstand, zur Linken ein Kiosk. Die Menschen kauften Zeitschriften, Zeitungen, Schokoriegel und Lottoscheine. Und wer hatte schon Zeit? Es war werktags. Berufsverkehr in Washington. Hauptsächlich Regierungsangestellte auf dem Weg zu Haushaltsberatungen und Verwaltungssitzungen. Wer hatte bei dieser Betriebsamkeit schon Zeit, etwas so Schönes zu bemerken? Die wenigsten.[44]

Die meisten von uns werden eines Tages erkennen, dass auch wir keine Zeit hatten. Wir werden vom Himmel aus auf diese Tage zurückschauen – diese hektischen, vollgestopften Tage – und erkennen: *Das war ja Jesus, der da Geige gespielt hat. Das war ja Jesus, der da in der abgetragenen Kleidung. Das war ja Jesus dort im Waisenheim … im Gefängnis … in der Wellblechhütte.*

Es gibt viele Gründe, um Menschen in Not zu helfen.

„Wohltätigkeit ist gut für die Welt."

„Wir sitzen alle in einem Boot. Wenn wir auf Kurs bleiben, profitieren alle davon."

„Jemanden aus der Armut herauszuholen heißt, das Potenzial dieses Menschen als Forscher, Ausbilder oder Doktor freizusetzen."

„Wenn es weniger Armut und Krankheit gibt, gibt es auch weniger Kriege und Gräueltaten. Gesunde, glückliche Menschen tun einander nichts zuleide."

Mitgefühl hat Dutzende Fürsprecher.

Doch für Christen gibt es keinen größeren Anreiz als den folgenden: Wenn wir Notleidenden helfen, helfen wir Jesus. Dies ist ein Geheimnis, das nicht wissenschaftlich zu beweisen ist, eine Wahrheit, die nicht statistisch zu belegen ist. Doch Jesus ließ daran keinen Zweifel: Lieben wir sie, lieben wir ihn.

Dies ist das Thema seiner letzten Predigt. Die Botschaft, die er sich bis zuletzt aufbewahrte. Er muss gewollt haben, dass sich uns dieser Punkt tief einprägt. Er beschrieb das Szenario des Jüngsten Gerichts. Der Jüngste Tag, der große Tag des Gerichts. An jenem Tag wird Jesus einen Befehl aussprechen, dem sich niemand widersetzen können wird. Alle werden sie kommen. Aus versunkenen Schiffen und vergessenen Friedhöfen werden sie kommen. Aus königlichen Gräbern und grasbewachsenen Schlachtfeldern werden sie kommen. Angefangen bei Abel, dem ersten Menschen, der starb, bis zu der Person, die gerade beerdigt wird, wenn Jesus ruft, wird jeder Mensch, der jemals gelebt hat, anwesend sein.

Auch alle Engel werden anwesend sein. Das gesamte himmlische Universum wird diesem Ereignis beiwohnen. Einer atemberaubenden Sortierung. Irgendwann wird Jesus „die Menschen in zwei Gruppen teilen, so wie ein Hirte die Schafe von den Böcken trennt" (Matthäus 25,32). So machen das die Hirten. Sie gehen durch ihre Herde und dirigieren mit ihrem Stab die Ziegen auf die eine und die Schafe auf die andere Seite, ein Tier nach dem anderen.

Sehr anschaulich diese Vorstellung, wie der gute Hirte durch die Herde der Menschheit schreitet. Sie. Ich. Unsere Eltern und Kinder.

„Max, da entlang."

„Ronaldo, nach da drüben."

„Maria, auf diese Seite."

Wie soll man sich diesen Moment ausmalen, ohne dass plötzlich die drängende Frage im Raum steht: Nach welchen Kriterien entscheidet er? Wonach teilt Jesus die Menschen ein?

Jesus gibt uns die Antwort. Diejenigen auf der Rechten, die Schafe, werden die sein, die ihm zu Essen gaben, als er hungrig war, die ihm Wasser brachten, als er durstig war, die ihm Unterkunft gewährten, als er einsam war, die ihm Kleidung schenkten, als er nackt war, und Trost, als er krank oder im Gefängnis war. Die Geretteten zeichnen sich durch ihre Fürsorge für Notleidende aus. Die Barmherzigkeit rettet sie zwar nicht – und uns auch nicht. Rettung ist das Werk Christi. Mitgefühl ist die Folge unserer Errettung.

Die Schafe werden aufrichtig fragen: „Wann bist du denn hungrig gewesen und wir haben dir zu essen gegeben? Oder durstig und wir gaben dir zu trinken? Wann haben wir dir Gastfreundschaft gewährt, und wann bist du nackt gewesen und wir haben dir Kleider gebracht? Wann warst du denn krank oder im Gefängnis und wir haben dich besucht?" (Verse 37–39).

Die Antwort Jesu wird in etwa folgendermaßen lauten: „Weißt du noch, als du aus der U-Bahn gestiegen bist? Es war ein frostiger Morgen in Washington. Die Pendlermassen hatten es eilig und waren in Gedanken schon im Büro. Du auch, wie du dich erinnerst. Doch dann sahst du mich. Ja, das war ich! Ich stand zwischen dem Kaffee- und dem Zeitungsstand, trug eine Baseballkappe und einen Schal und spielte Geige. Die Leute strömten vorbei, so als ob ich eine Kunstblume wäre. Doch du bliebst stehen. Ich konnte sehen, dass du es eilig hattest. Du hast zweimal auf die Uhr gesehen. Aber du bist trotzdem stehen geblieben und hast an mich gedacht. Du bist zum Kaffeestand gegangen, hast mir einen Becher Kaffee gekauft und ihn mir gebracht. Ich möchte, dass du weißt, dass ich das nie vergessen habe."

Jesus wird alle unsere freundlichen Taten aufzählen, eine nach der anderen. Jede Tat, die das Leben einer anderen Person ein wenig leichter machen sollte. Auch die kleinen. Im Grunde genommen wirken sie alle klein. Wasser geben. Etwas zu essen anbieten. Kleidung verteilen. Wie Chrysostomos sagte: „Es heißt nicht: ‚Ich war krank und ihr habt mich geheilt‘, oder: ‚Ich war im Gefängnis und ihr habt mich befreit.‘"[45] Die Werke der Barmherzigkeit sind schlicht. Und doch, mit diesen schlichten Taten dienen wir Jesus. Eine erstaunliche Wahrheit: Wir dienen Christus, indem wir Bedürftigen dienen.

Die Gemeinde in Jerusalem hatte das verstanden. Wie sonst sollen wir uns ihre explosionsartige Verbreitung auf der ganzen Welt erklären? Wir haben lediglich eine Handvoll Geschichten über sie betrachtet. Was an Pfingsten mit 120 Jüngern beginnt, dringt in jeden Winkel dieser Welt vor. Antiochien. Korinth. Ephesus. Rom. Die Apostelgeschichte ist, anders als andere neutestamentliche Bücher, nicht abgeschlossen. Das liegt daran, dass das Werk noch nicht vollendet ist.

Vor vielen Jahren hörte ich eine Frau über dieses Werk sprechen. Sie besuchte 1979 eine katholische Kirche im Zentrum Miamis. Die kleine Kirche quoll schier über; so viele Menschen waren gekommen. Ich war überrascht. Diese Veranstaltung war nicht beworben worden. Ich hatte zufällig von einem Freund von diesem Mittagspausenvortrag gehört. Ich wohnte nur ein paar Häuserblocks von der Kirche entfernt und war ein paar Minuten früher gekommen in der Hoffnung, einen Platz in der ersten Reihe zu ergattern. Ich hätte *zwei Stunden* früher kommen sollen. Jede Sitzbank und jeder Gang waren krachend voll. Einige saßen auf den Fensterbänken. Ich fand einen Stehplatz an der Rückwand und wartete. Ich weiß nicht, ob die Klimaanlage kaputt oder schlicht nicht vorhanden war, jedenfalls standen die Fenster offen und die Luft war stickig. Das Publikum war gesprächig und unruhig. Doch als *sie* den Raum betrat, trat Ruhe ein.

Keine Musik. Keine lange Einführung. Keine Lobesrede von höherer Stelle. Keine Eskorte. Nur drei, vielleicht vier jüngere Ausgaben ihrer selbst, der Gemeindepriester und sie.

Der Vater sprach eine kurze Begrüßung und witzelte, er

sollte wohl lieber einen Getränkekasten hinter das Rednerpult stellen, damit wir seinen Gast auch sehen konnten. Er machte keine Witze. Er stellte den Kasten hin, sie stieg darauf, und dann schauten uns diese blauen Augen an. Was für ein Gesicht! Tiefe Furchen rund um den Mund. Die Nase länger, als es den meisten Frauen lieb wäre. Die Lippen dünn, wie mit einem Bleistift gezogen, und ein Lächeln bar jeder Affektiertheit.

Sie trug den für sie typischen weißen indischen Sari mit einem blauen Band, die Ordenstracht der „Missionarinnen der Nächstenliebe", des von ihr 1949 gegründeten Ordens. Ihre 69 Jahre hatten ihre ohnehin kleine Gestalt noch mehr gebeugt. Doch an Mutter Teresas Auftreten war nichts Kleines.

„Gebt mir eure ungeborenen Kinder", erbot sie sich. (Waren das die Eingangsworte oder lediglich die, die sich mir am tiefsten eingeprägt haben? Ich weiß es nicht.) „Treibt sie nicht ab. Wenn ihr sie nicht aufziehen könnt, dann tue ich es. Sie sind Gott wichtig."

Wer hätte gedacht, dass diese zierliche Frau aus Albanien einmal die Welt verändern würde? Geboren in einem Hexenkessel ethnischen Unfriedens. Scheu und introvertiert als Kind. Eine schwache Konstitution. Eines von drei Kindern. Tochter eines großzügigen, aber nicht weiter bemerkenswerten Geschäftsmanns. Doch irgendwann gelangte sie zu der Überzeugung, dass Jesus „in der schrecklichen Verkleidung der Armen" auf der Erde wandelte, und sie machte sich daran, ihn zu lieben, indem sie sie liebte. 1989 erzählte sie einem Reporter, dass ihre Missionarinnen etwa 54.000 Menschen von den Straßen Kalkuttas aufgelesen hätten und dass sie an die 23.000 Menschen beim Sterben begleitet hätten.[46]

Ich frage mich, ob Gott Menschen wie Mutter Teresa erschafft, um zu unterstreichen: „Siehst du, du kannst heute etwas tun, das über dein Leben hinaus Bestand haben wird."

Es gibt mehrere Milliarden Gründe, sich diese Herausforderung zu Herzen zu nehmen. Einige von ihnen leben in Ihrer Nachbarschaft; andere leben in Urwäldern, die Sie auf der Landkarte nicht finden werden, und haben Namen, die Sie nicht aussprechen können. Manche von ihnen leben in Hütten aus Blech und Pappe in Slums oder verkaufen ihren Körper an einer belebten Straße. Manche von ihnen gehen drei Stunden zu Fuß, um Wasser zu bekommen, oder warten den ganzen Tag auf eine Injektion mit Penizillin. Manche von ihnen haben sich ihre missliche Lage selbst zuzuschreiben und andere haben das Unglück von ihren Eltern geerbt.

Niemand kann allen Menschen helfen. Doch jeder kann irgendjemandem helfen. Und wenn wir ihnen helfen, dienen wir Jesus.

Wer möchte eine solche Chance verpassen?

*Dann wird der König zu denen an seiner rechten Seite sagen:
„Kommt her! Euch hat mein Vater gesegnet. Nehmt die neue
Welt Gottes in Besitz, die er seit Erschaffung der Welt für euch
als Erbe bereithält! Denn als ich hungrig war, habt ihr mir zu
essen gegeben. Als ich Durst hatte, bekam ich von euch etwas
zu trinken. Ich war ein Fremder bei euch, und ihr habt mich auf-
genommen. Ich war nackt, ihr habt mir Kleidung gegeben. Ich
war krank, und ihr habt mich besucht. Ich war im Gefängnis,
und ihr seid zu mir gekommen"* (Matthäus 25,34–36).

Oh Herr, wo habe ich dich gestern gesehen ... und nicht erkannt? Wo werde ich dir heute begegnen ... und dich wieder
nicht bemerken? Oh mein Vater, gib mir Augen zu sehen, ein
Herz zu empfinden und Hände und Füße, um dir zu dienen, wo
auch immer du mir begegnest! Verwandle mich, Herr, durch
deinen Geist in einen Diener Christi, der anderen Menschen
gerne und fröhlich helfen möchte. Mache aus mir ein Werbe-
plakat für deine Gnade, eine lebende Reklame dafür, wie groß
dein Mitgefühl ist. Ich möchte dich eines Tages sagen hören:
„Gut gemacht, mein guter und treuer Diener." Und ich bete,
dass ich heute ein solcher treuer Diener bin. Amen.

Werden Sie ein kleiner Held

Es wäre schön, wenn Sie nicht nur etwas über die Apostelgeschichte lesen. Seien Sie das 29. Kapitel der Apostelgeschichte und schreiben Sie die Geschichte der Gemeinde Jesu für Ihre Generation fort. Max Lucado möchte Sie in „Wecke den Helden in dir" herausfordern, Ihre Rolle in dieser Welt neu zu überdenken. Die ersten Christen stellten den Dienst an den Benachteiligten ins Zentrum ihrer Bemühungen. Jesus berührte Wunden, fühlte Schmerz und hatte tröstende Worte für alle. Die Gemeinde soll seinem Beispiel folgen und Türen öffnen, Mauern niederreißen und Beziehungen heilen. Wenn Sie noch mehr so werden wollen, wie Jesus Christus sich das für Sie und die Gemeinde erträumt, dann werden Ihnen die folgenden Seiten dabei helfen, einen Anfang zu machen.

Diese Gesprächsanregungen sollen Sie dazu anregen, die Gedanken aus „Wecke den Helden in dir" zu vertiefen und aktiv zu werden. Jedes Kapitel enthält Fragen, die Sie in einer Gruppe besprechen oder über die Sie allein nachdenken können. Darüber hinaus finden Sie hier Vorschläge, wie Sie ganz praktisch beginnen können, in dieser Welt etwas zu verändern. Denken Sie einmal darüber nach. Und werden Sie aktiv. Versäumen Sie nicht diese Gelegenheit, bleibende Spuren zu hinterlassen.

David Drury

Kapitel 1:
Eine einmalige Gelegenheit

Gesprächsanregungen

1. Welchen Bezug sehen Sie zwischen Epheser 2,10 und der Erzählung von Vater Benjamin?

2. Beschreiben Sie jemanden aus Ihrem Bekanntenkreis, dessen Leben über sich hinausweist, indem er sich um die Bedürfnisse anderer Menschen kümmert. Inwiefern möchten Sie mehr wie diese Person sein? Was verraten die folgenden Bibelverse darüber, wie man Spuren hinterlassen kann: Apostelgeschichte 13,22.36; Jesaja 58,6–7; Psalm 92,14?

3. Welche Nöte gehen Ihnen am meisten zu Herzen? Erzählen Sie, was Sie über dieses Thema wissen, oder blättern Sie noch einmal zurück zu den auf den Seiten 16–17 aufgeführten Missständen. Was empfinden Sie, wenn Sie diese Zahlen lesen?

4. Drei Fragen erschütterten Max Lucados Welt. Inwiefern könnten künftige Generationen möglicherweise von unserem Umgang mit den Problemen dieser Zeit enttäuscht sein?

Praktische Vorschläge

- Verabreden Sie sich mit jemandem, den Sie für sein bzw. ihr Engagement bewundern (vielleicht mit der von Ihnen bereits genannten Person). Sprechen Sie über die folgenden Fragen: „Warum haben Sie beschlossen, so zu leben? Was motiviert Sie? Was mussten Sie noch lernen? Womit haben Sie angefangen?"

- Suchen Sie bewusst Orte auf, an denen es Hilfsbedürftige gibt. Stellen Sie eine Liste mit Möglichkeiten zusammen, wie Sie Ihr gewohntes Umfeld, Ihren „Wohlfühlbereich", verlassen und Menschen in Not begegnen können. Schaffen Sie Platz in Ihrem Terminkalender, um Zeit für Projekte zu haben, die sich sowohl mit örtlichen als auch weltweiten Problemen befassen. Dabei sollten Sie etwas einplanen, das ganz in Ihrer Nähe stattfindet (etwa einen Einsatz in Ihrer Nachbarschaft oder Stadt), aber auch etwas auf internationaler Ebene (vielleicht einen Kurzeinsatz in der Mission).

Kapitel 2:
Ganz gewöhnliche Menschen sind gefragt

Gesprächsanregungen

1. Überlegen Sie, wann Ihnen jemand einmal etwas Gutes getan hat. Vielleicht war es ja im Grunde nur eine Kleinigkeit, aber sie hat Ihnen viel bedeutet. Welche „Kleinigkeit" könnten Sie tun, die eine große Wirkung hätte?
2. Inwiefern waren die ersten Jünger gewöhnliche Menschen? Wie hätten Sie sich gefühlt, wenn Sie unter den 120 Menschen gewesen wären, zu denen Jesus sprach, kurz bevor er in den Himmel auffuhr (Apostelgeschichte 1,1–11)?
3. Was haben Sie aus der Geschichte von Nicholas Winton gelernt, der so viele Menschen vor dem Holocaust rettete? In welcher Hinsicht war er gewöhnlich? Wie deuten Sie die

Tatsache, dass er erst jemandem von dieser Geschichte erzählte, als seine Frau das Notizbuch fand?

4. Erörtern Sie das Konzept von Stärke und Schwäche, wie es in 2. Korinther 12, Verse 9 und 10 dargestellt wird. Denken Sie an eine Zeit, in der Sie sich schwach fühlten, Gott Ihnen aber die nötige Kraft gab, etwas für ihn zu tun. Erzählen Sie davon.

5. Wenn Jesus Ihnen auftragen würde, elf Ihrer ganz gewöhnlichen Freunde und Verwandte auszuwählen, um mit ihnen die Welt zu verändern, welche Namen stünden auf Ihrer Liste? Wie könnte sich Ihre Gruppe ganz praktisch hier und heute engagieren?

Praktische Vorschläge

- Tun Sie *regelmäßig* Gutes. Reservieren Sie bestimmte Zeiten, in denen Sie für andere da sind. Tun Sie täglich, wöchentlich, monatlich und jährlich etwas, um Bedürftigen zu helfen und Mitgefühl zu zeigen.

- Tun Sie *spontan* Gutes. Beschränken Sie sich nicht auf Ihre regelmäßigen Aktivitäten. Reagieren Sie mit Mitgefühl, wenn Gott Ihnen unerwartet eine Gelegenheit eröffnet, und Sie werden erleben, wie viel Freude diese göttlichen Aufträge machen.

- Tun Sie *außerordentlich* Gutes. Planen Sie einen strategisch sinnvollen Einsatz, der Ihnen viel abverlangt, um die Nöte dieser Welt zu lindern. Denken Sie groß, bereiten Sie sich vor und werben Sie andere zur Mitarbeit an. Fangen Sie dabei mit den elf Personen an, die Sie sich bereits notiert haben.

Kapitel 3:
Lassen Sie Gott Ihren Panzer aufbrechen

Gesprächsanregungen

1. Welche Gewohnheiten, Einstellungen, Besitztümer und Technologien umgeben Sie mit einer Art Panzer, der Sie von den Nöten in Ihrem Umfeld abschirmt? Wie können Sie diese Hindernisse entfernen oder umgehen?

2. Haben Sie schon einmal das erlebt, was in diesem Kapitel ein „Angriff von Mitgefühl" genannt wird? Wie haben Sie reagiert? Haben Sie die Not ignoriert oder sich abgelenkt oder haben Sie versucht zu helfen?

3. Beschreiben Sie eine Zeit, in der Sie Gott plötzlich und unerwartet am Werk sahen. In welchem Ausmaß sind Sie für unerwartete Führungen Gottes offen? Wie könnten Sie sich auf solche Zeiten vorbereiten?

4. Beantworten Sie die folgenden in diesem Kapitel gestellten Fragen:

5. „Mit wem fällt Ihnen das Reden am leichtesten?" Zu welchen Menschen oder Notlagen haben Sie am ehesten einen Bezug?

6. „Für wen empfinden Sie das größte Mitgefühl?" Welche Nöte berühren Sie am meisten?

Praktische Vorschläge

- Reagieren Sie kreativ auf die Nöte in Ihrem Umfeld. Hier sind für den Anfang ein paar Vorschläge: Manche haben immer Tankgutscheine der örtlichen Tankstelle oder Gutscheine für eine Mahlzeit in einem Restaurant in der Nähe in der Tasche, die sie bei Bedarf weitergeben können. Andere haben einen speziellen „Geldtopf", aus dem sie jederzeit etwas nehmen können. Wieder andere spenden regelmäßig auf ein kirchliches Hilfskonto und verweisen Hilfesuchende an diese Kirchengemeinde. Planen Sie *im Voraus*, wie Sie sich in den entsprechenden Situationen verhalten wollen (anstatt abzuwarten, ob Sie sich in dem Moment auch „wohltätig" fühlen).

- Überlegen Sie, ob Sie sich in Ihren Gebeten, Spenden und Beziehungen nicht auf ein Land konzentrieren möchten, in dem größere Not herrscht als in Ihrem Heimatland. Finden Sie heraus, was die wahren Nöte dort sind. Erkundigen Sie sich, was gut funktioniert und was nicht. Beten Sie gezielt. Essen Sie das, was die Menschen dort essen. Feiern Sie ihre Feste. Vielleicht können Sie sogar Ihren Urlaub dazu nutzen, um eine Missionsreise in dieses Land zu unternehmen.

- Finden Sie heraus, welche Hilfswerke in diesem Land tätig sind oder welche Waisenheime es dort gibt. Investieren Sie Zeit und Energie und bauen Sie Beziehungen auf. Machen Sie dieses Land in Ihrem Herzen zu einer zweiten Heimat. Sie werden staunen, was Gott mit der Zeit in Ihnen und durch Sie tun wird.

Kapitel 4:
Vergessen Sie das Brot nicht

Gesprächsanregungen

1. Beschreiben Sie eine Gelegenheit, bei der Sie etwas Wichtiges vergessen haben.

2. Was sagen die folgenden Verse darüber aus, was uns am wertvollsten sein sollte: Matthäus 28,19; Johannes 3,16; Johannes 6,35; Johannes 14,6; Römer 3,23; Römer 10,9; Epheser 2,8?

3. Zeichnen Sie eine Tabelle mit zwei Spalten auf ein Blatt Papier. In die erste Spalte schreiben Sie die Dinge, die Gott und der Gemeinde am wichtigsten sind. In die zweite Spalte tragen Sie die Dinge ein, die Christen von diesen wichtigsten Dingen ablenken. Notieren Sie sich unten auf Ihr Blatt, was Sie konkret tun können, um den Dingen in der ersten Spalte mehr Priorität einzuräumen. Überlegen Sie, ob es den positiven Anliegen in der zweiten Spalte nicht sogar zugutekäme, wenn Sie sich auf Ihre erste Spalte konzentrierten.

4. Wann hat Ihnen schon einmal jemand eine zweite Chance gegeben, wie der Verkehrspolizist Max Lucado? Überlegen Sie, wer heute von Ihnen eine zweite Chance braucht. In welcher Weise könnten Sie sich dieser Person gegenüber bei nächster Gelegenheit großherzig zeigen?

5. Gnade gibt „nicht allein Hilfen zur Bewältigung dieses Lebens, sondern Hoffnung für das nächste". Was ist Ihrer Meinung nach für Menschen wichtiger: konkrete *körperliche* Bedürfnisse oder ewige *geistliche* Bedürfnisse? Wann muss

man zuerst ein körperliches Bedürfnis befriedigen, um ein tieferes geistliches Bedürfnis zu stillen? In welchen Situationen trifft das Gegenteil zu?

Praktische Vorschläge

- Als Petrus von den Leuten gefragt wurde: „Was hat das zu bedeuten?", bot sich ihm die Gelegenheit, über die wirklich wichtigen Dinge zu sprechen. Wenn ein Bekannter oder ein Freund zu Ihnen sagt: „Du bist irgendwie anders – woran liegt das?", dann wäre das eine wunderbare Gelegenheit für Sie, es ihm gleichzutun. Schreiben Sie auf, wie Sie eine solche Frage beantworten würden.

- Beten Sie für fünf Freunde, Verwandte oder Bekannte, die Ihrer Meinung nach weit von Gott entfernt sind. (Es reicht schon, wenn Sie nicht wissen, ob Gott im Leben dieser Personen das Wichtigste ist.) Überlegen Sie, wann Sie jede dieser fünf Personen wahrscheinlich das nächste Mal treffen. Nehmen Sie sich fest vor, jeden Tag für Ihre „Fünf-für-Gott"-Liste zu beten.

- Sprechen Sie ungekünstelt, aber bewusst mit Menschen darüber, was Ihnen am meisten bedeutet. Hier sind einige Vorschläge, wie Sie solch ein Gespräch beginnen können:
  - „Darf ich Ihnen erzählen, welche spirituellen Erfahrungen ich gemacht habe?"
  - „Ich möchte, dass Sie etwas über mich wissen – etwas, von dem ich hoffe, dass es auch auf Sie zutrifft."
  - „Habe ich Ihnen jemals erzählt, was mir im Leben am meisten bedeutet?"

Kapitel 5:
Im Team arbeiten

Gesprächsanregungen

1. Wann standen Sie einmal als Mitglied einer Gruppe vor einer Herausforderung, die so groß war, dass es Sie als Gruppe zusammengeschweißt hat? Mit welcher Gruppe von Leuten stehen Sie gegenwärtig vor einer Herausforderung, und wie könnten Sie zusammenarbeiten, um dieses Problem anzugehen?

2. Kennen Sie ähnliche Beispiele für kreative Zusammenarbeit und „Chancengebung" wie die Mikrokreditgeschichte von José in Rio und Thomas in London? Kennen Sie jemanden, der solch eine Arbeit tut oder sich anderweitig für Menschen in Not engagiert? Wie kommen Menschen auf derart innovative Ideen, wenn ihnen eine Notlage auffällt?

3. Denken Sie an die klassischen Methoden, um Menschen zu helfen, die ebenfalls Teamwork erfordern. Waren Sie schon einmal an einer solchen Arbeit beteiligt? Wie wurde den Notleidenden dadurch geholfen? Was haben Sie aus dieser Erfahrung gelernt?

4. „Die Leidenden gehören uns allen." Wie können Sie und Ihre engsten Verwandten oder Freunde den Leidenden helfen?

Praktische Vorschläge

- „Niemand schafft allein, was wir alle zusammen schaffen können." Beteiligen Sie sich an einer Sache, die Ihre persönlichen Möglichkeiten übersteigt. Nehmen Sie sich ein sehr großes Projekt vor, das Sie allein nicht bewältigen könnten, und erkundigen Sie sich zunächst, was Ihre Kirchengemeinde bereits in dieser Hinsicht tut. Das ist vielleicht nicht das, was Sie allein tun würden, aber Sie werden mehr und Nachhaltigeres bewirken, als wenn Sie auf eigene Faust losziehen.

- Es gibt viele Möglichkeiten, mit einem Team zusammenzuarbeiten, das bereits gute Hilfsarbeit leistet. Überlegen Sie, wo Ihre Begabungen liegen, und wählen Sie dann dementsprechend ein Projekt aus, bei dem Ihre Talente zum Einsatz kommen können.

- Setzen Sie sich mit Ihren Nachbarn zusammen, und sammeln Sie gemeinsam Ideen, was Sie für Ihr Wohngebiet tun können. Stellen Sie einen Aktionsplan auf, den Sie als Gruppe umsetzen können.

Kapitel 6:
Öffnen Sie Ihre Tür, öffnen Sie Ihr Herz

Gesprächsanregungen

1. Kennen Sie jemanden, der besonders gastfreundlich ist? Was lässt diese Person so gastfreundlich wirken?
2. Inwiefern nutzen Sie gegenwärtig Ihr Zuhause als ein Instrument, um anderen zu helfen? Wie könnten Sie aus Ihrer Küche, Ihrem Garten, Ihrem Wohnzimmer oder selbst Ihrem Schlafzimmer bewusst einen Ort der Gastfreundschaft machen?

3. Was hält Sie davon ab, andere zu sich nach Hause einzuladen? Wie könnten Sie diese Hindernisse abbauen? In welcher Hinsicht wollen Sie vielleicht zu perfekt sein und verfehlen damit den eigentlichen Sinn von Gastfreundschaft?

4. Lesen Sie die folgenden Abschnitte über Gastfreundschaft: Apostelgeschichte 16,15.34; Apostelgeschichte 21,8; Apostelgeschichte 28,2.7; Römer 12,13; 1. Timotheus 5,10; Titus 1,8; Hebräer 13,2; 1. Petrus 4,9–10 und 3. Johannes 1,8. Wie sollten wir vor dem Hintergrund dieser Verse Gastfreundschaft sehen?

5. Zählen Sie einige Personen auf, die Sie gerne zu sich nach Hause einladen würden. Nehmen Sie sich vor, Ihr Haus in den kommenden beiden Wochen für eine oder mehrere dieser Personen zu öffnen.

Praktische Vorschläge

- Machen Sie Gastfreundschaft zu einem festen Bestandteil Ihres Lebens. Bestimmen Sie eine Mahlzeit in der Woche zu Ihrem „Gästeessen", und nehmen Sie sich vor, dazu immer Leute einzuladen. Sie könnten beispielsweise Freunde einladen, jede Woche bei Ihnen Fußball zu gucken – eine offene Einladung, in den Genuss Ihrer Gastfreundschaft und Ihres Fernsehers zu kommen. Oder kochen Sie jeden Samstagabend einen Topf Suppe. Bauen Sie einen Stand der Gastfreundschaft auf Ihrer Terrasse oder in Ihrer Einfahrt auf und servieren Sie Ihren Nachbarn „heiße Tassen" der Freundschaft.

- Laden Sie bewusst Außenstehende zu Ihren Familienfesten ein. Laden Sie einen Single zu Ihrem Weihnachtsessen ein oder eine bedürftige Familie an Erntedank oder nehmen Sie die Gans gleich mit und essen Sie im Haus der *anderen Familie*. Feiern Sie am Muttertag mit einigen der älteren Frauen in Ihrer Gemeinde, die keine Kinder haben oder deren Kinder weit weg wohnen. Halten Sie nach Personen Ausschau, die allein sitzen oder in Ihrer Gemeinde noch keine Freunde gefunden haben, und laden Sie diese zu sich nach Hause zum Essen ein (auch wenn Sie „nur" auf dem Rückweg bei einem Imbiss halten und etwas Essen zum Mitnehmen kaufen).

Kapitel 7:
Die Not sehen, den Schmerz lindern

Gesprächsanregungen

1. „Menschliches Leiden ist ein Anblick, der nur schwer zu ertragen ist." Erzählen Sie von einer Begebenheit, bei der Ihnen der Anblick von Leid schier körperlich wehtat. Beschreiben Sie, wann Sie einmal selbst gelitten haben und Ihnen jemand das Gefühl vermittelt hat, Sie wirklich *wahrzunehmen*.

2. Welche Botschaft vermitteln Sie Notleidenden, vor allem denen, die nicht schön aussehen, wenn Sie diesen in die Augen blicken?

3. Achten Sie auf jede bedeutungsvolle Berührung, die Sie in den folgenden Berichten über die Wunder Jesu finden:

Matthäus 9,20–22; Markus 1,40–45; Markus 7,32–35; Lukas 8,51–55; Lukas 13,11–13; Johannes 9,1–7. Musste Jesus die Menschen berühren, um sie zu heilen? Warum gehörte wohl eine Form der Berührung zur Heilung dazu?

4. Im 3. Kapitel der Apostelgeschichte lesen wir, wie Petrus und Johannes dem Gelähmten mehr als das Geld gaben, um das er sie gebeten hatte. Was könnten Sie Bedürftigen geben – außer Geld?

5. Als Petrus und Johannes freundlich in die verzweifelten Augen des Kranken blickten und mit ihren starken Händen den Schwachen halfen, geschah ein Wunder. Was könnten Sie tun, um so etwas ebenfalls zu erleben?

Praktische Vorschläge

- Nehmen Sie sich diese Woche Zeit, um Menschen in die Augen zu sehen. Wenn Sie mit jemandem reden, von dem Sie wissen, dass er oder sie bedürftig ist, halten Sie den Blickkontakt viel länger, als Sie das normalerweise tun würden. Denken Sie darüber nach, wie Sie dadurch die Bedürfnisse der Menschen auf ganz neue Weise wahrnehmen können. Diese Übung wird noch effektiver, wenn Sie Tagebuch führen oder am Ende der Woche eine Zusammenfassung schreiben, wie sich dieses Experiment auf Ihre Sichtweise ausgewirkt hat.

- Besuchen Sie diese Woche zusätzlich zu Ihren sonstigen Aktivitäten jemanden, dem das guttäte. Wenn Sie von jemandem wissen, der im Krankenhaus liegt, dann besuchen Sie ihn, um Ihre Anteilnahme zu zeigen. Machen Sie einen Besuch im Altenheim, und scheuen Sie sich nicht, Ihre Zuwendung auch durch eine Berührung zum Ausdruck zu bringen. Beginnen Sie mit einem Händedruck oder einer angemessenen Umarmung. Fragen Sie, ob Sie für die Heimbewohner beten dürfen, und legen Sie ihnen die Hand auf die Schulter (Sie können auch leise beten, wenn Ihnen das angenehmer ist). Denken Sie auf dem Nachhauseweg darüber nach, was dieser Besuch wohl für alle Beteiligten bedeutet hat. Überlegen Sie auch, wie Sie sich nach diesen Besuchen fühlen verglichen mit Ihren Gefühlen auf dem Hinweg.

Kapitel 8:
Verfolgung: Sich darauf einstellen, standhaft bleiben

Gesprächsanregungen

1. Was geht in Ihnen vor, wenn Sie Geschichten über heroische Märtyrer wie Necati oder von grausamer Christenverfolgung in unserer Zeit hören? Inwiefern rückt dies Ihre eigenen Probleme in ein anderes Licht?

2. In Gesellschaften mit Religionsfreiheit erleben wir vielleicht keine Verfolgung im klassischen Sinne, aber wir erfahren möglicherweise geistlichen Widerstand im täglichen Leben von Kritikern, Anklägern, Angehörigen, Lehrern, Klassenkameraden, Kollegen und anderen. Erinnert diese Aufzählung Sie vielleicht an eine Situation, in der Sie Ihre Überzeugungen verschwiegen haben?

3. Was glauben Sie, wie sich Petrus wohl in der im Johannes-evangelium 18, Verse 15 bis 18 und 25 bis 27 beschriebenen Episode fühlte? Wann haben Sie unter Druck oder Verfolgung den Mund gehalten? Wann waren Sie andererseits wie Petrus vor seinen Anklägern – Apostelgeschichte 4,5–13 – so mutig, trotz Druck oder Verfolgung kühn die Wahrheit zu sagen?

4. Was haben Sie sich angewöhnt, um Zeit mit Jesus zu verbringen, sodass Sie oft und ausgiebig in seiner Nähe sein können? Wie können andere durch solche Gewohnheiten erkennen, dass Sie mit ihm zusammen waren?

5. In welcher Hinsicht macht das Praktizieren geistlicher Übungen einen Christen vielleicht mutiger?

Praktische Vorschläge

- Beten Sie für die verfolgten Christen. Informieren Sie sich über die Religionsfreiheit in einem Land, zu dem Sie bereits einen Bezug haben, und beten Sie darum, dass die dortigen Christen Kraft und Standhaftigkeit haben. Halten Sie sich über die Kirche in diesem Land auf dem Laufenden.

- Regen Sie in Ihrer Gemeinde an, für verfolgte Christen zu beten. Sie könnten eine spezielle Gebetswache ins Leben rufen oder am weltweiten Gebetstag für verfolgte Christen teilnehmen. Anschaulich wird es, wenn Sie eine große Landkarte für sich zu Hause oder Ihre Gemeinde kaufen und mit der Familie oder der Gemeinde Gebete auf Haftnotizen schreiben, die dann auf das entsprechende Land geklebt werden.

Kapitel 9:
Gutes tun – in aller Stille

Gesprächsanregungen

1. Die Geschichte von Hananias und Saphira (Apostelgeschichte 5) geht unter die Haut. Die Folgen ihres versuchten
Betrugs waren fatal – im wahrsten Sinne des Wortes. Max
Lucado fragt sich: „War das wirklich nötig?" Was meinen
Sie?
2. Wie beurteilt die Kirche solche Verstöße heute?
3. Kennen Sie Beispiele, wo Heuchelei dem Ruf einer Gemeinde geschadet hat? Was können Christen konkret ändern, um dem Generalverdacht der Heuchelei etwas ent-
gegenzusetzen?
4. Im 23. Kapitel des Matthäusevangeliums wird davon be-
richtet, dass Jesus schwere Vorwürfe gegen die Pharisäer
und Schriftgelehrten bzw. Gesetzeslehrer erhebt. Halten Sie
diese sieben Kritikpunkte einmal schriftlich fest. Wie würden Sie Jesu Tonfall in dieser Episode beschreiben? Was haben die aufgelisteten Punkte gemeinsam?
5. Was werden Sie künftig anders machen, nachdem Sie Matthäus 23, Apostelgeschichte 5 und dieses Kapitel von Max
Lucados Buch gelesen haben?

Praktische Vorschläge

- „Erwarten Sie keinen Dank für gute Taten." Denken Sie an
einen Menschen, der Hilfe braucht. Was könnten Sie in dieser
Woche ganz konkret für diesen Menschen tun – heimlich?

Überlegen Sie, wem Sie in Ihrem Leben viel zu verdanken haben. Schreiben Sie dieser Person einen Brief, und danken Sie ihr für alles, was sie für Sie getan hat, aber sorgen Sie dafür, dass Sie als Absender unkenntlich bleiben.

- „Stellen Sie keine aufgesetzte Geistlichkeit zur Schau." Forschen Sie in der Bibel nach den Kennzeichen aufgesetzter und authentischer Geistlichkeit. Nehmen Sie sich Zeit zum Beten, und bitten Sie Gott, Ihnen zu zeigen, in welchen Bereichen Ihr Glaube auf schwachen Beinen steht.

Kapitel 10:
Für die Habenichtse eintreten

Gesprächsanregungen

1. Die Gemeinde in Jerusalem hatte die griechischsprachigen Witwen benachteiligt und suchte nach einer Lösung für dieses Problem (Apostelgeschichte 6). Welche Personengruppen oder Individuen werden in Ihrem Umfeld benachteiligt? Warum übergeht oder ignoriert man sie?

2. Was ist die Zielgruppe Ihrer Gemeinde? Beschreiben Sie den typischen Gemeindebesucher. Was müsste sich ändern, wenn Ihre Gemeinde versuchte, mehr Menschen zu integrieren (wie die, von denen in Lukas 4,14–21 die Rede ist)? Welche konkreten Schritte könnten Sie unternehmen, um die Armen, die Menschen, die am Boden zerstört sind, die Gefangenen und Blinden zu erreichen und mit ihnen gemeinsam Gottesdienst zu feiern?

3. Warum hat das Volk Israel das revolutionäre Konzept des Erlassjahres Ihrer Meinung nach wohl nie umgesetzt? Wie würde sich das Erlassjahr in Ihrem Lebensumfeld auswirken, wenn dieses Gesetz mit sofortiger Wirkung erlassen würde? Welche Mini-Erlassjahre könnten Sie in Ihrem Herzen und Handeln einführen, obwohl dieses radikale Konzept kein offizielles Gesetz ist?

4. Max Lucado hat einige hervorragende Hilfswerke genannt, die sich auf wunderbare Weise für die Armen einsetzen (*World Vision, Compassion International, Living Water* und *International Justice Mission*). Welche Organisationen würden Sie noch hinzufügen und warum?

Praktische Vorschläge

- Erkunden Sie sich in dieser Woche genauer danach, was Ihre Gemeinde bereits für die Armen tut. Bieten Sie Ihre Mitarbeit an oder unterstützen Sie die Arbeit gezielt finanziell.

- Rich Stearns sagte einmal zu Max Lucado: „Armut ist *tatsächlich* höhere Mathematik." Reden Sie mit Experten, die sich Gedanken über die komplexeren Zusammenhänge der Armut gemacht haben. Informieren Sie sich über gut durchdachte Lösungen und Strategien im Kampf gegen Armut auf den Websites der bereits erwähnten Organisationen: www. worldvision.de, www.compassion-de.org, www.water.cc, www.ijmde.org.

- „Wer die Sorge um die Armen aus der Bibel herausschneidet, schneidet ihr das Herz heraus." Nehmen Sie sich diese

Woche Zeit, um einige wenige der annähernd 2.000 Bibelstellen zum Thema Armut, Reichtum, Gerechtigkeit und Unterdrückung zu lesen. Beginnen Sie mit den folgenden Versen:

- 2. Mose 23,6
- 3. Mose 19,15; 23,22; 25,35.39
- 5. Mose 15,7–11; 24,10–15
- Psalm 35,10
- Sprüche 14,21; 22,22–23; 31,9
- Jesaja 10,1–3; 58,6–7
- Jeremia 5,26–29
- Matthäus 19,21
- Lukas 12,32–33; 14,12–14
- Apostelgeschichte 4,33–35
- Jakobus 2,1–4

Kapitel 11:
Gesunde Selbsteinschätzung

Gesprächsanregungen

1. Für welche persönlichen Errungenschaften sind Sie ganz besonders dankbar? Inwiefern war Gott daran beteiligt? Wie könnten Sie Gott für seine Hilfe danken und anderen davon erzählen?
2. In welchen Lebensabschnitten ist man besonders versucht, Gott für zu klein oder sich selbst für zu groß zu halten? Welche hilfreichen Gewohnheiten könnten Sie entwickeln, um diese beiden Neigungen besser in den Griff zu bekommen?

3. Welche Anweisung gibt uns Jakobus bezüglich Stolz und Demut in Jakobus 4, Verse 6 bis 10? Wo erleben Sie es, dass demütige Menschen Gnade erfahren? Wann haben Sie gesehen, dass stolzen Menschen Widerstand entgegenschlägt?

4. Wie hilft Ihnen Jakobus 4, Verse 13 bis 17 dabei, bescheiden über die Zukunft zu reden?

5. Demut und Stolz sind Gegensätze. Es braucht Weisheit, um sich in Demut zu üben und den Stolz kleinzuhalten. Wie kann eine weise Sicht der Realität dazu beitragen, ein zu niedriges oder zu hohes Selbstwertgefühl zu korrigieren?

Praktische Vorschläge

- Verpassen Sie nicht das, was Gott in Ihrer Stadt tun möchte. Halten Sie in einem Tagebuch die Momente fest, in denen Sie erleben, dass Gott etwas in Bewegung setzt. Wann ist er so auffällig in Erscheinung getreten, dass Sie es bemerkt haben? Wann haben Dinge eine andere Wendung genommen, weil jemand so gelebt hat, wie Christus das getan hätte?

- Reagieren Sie mit Bedacht, wenn Sie das nächste Mal gelobt werden. Weisen Sie das Lob nicht zurück, indem Sie Ihre Leistung herunterspielen. Leiten Sie das Lob vielmehr an die weiter, die Ihnen geholfen haben. Oder besser noch: Loben Sie Ihre Helfer, aber geben Sie dann Gott für alles die Ehre.

Kapitel 12:
Ein paar Mauern sprengen

Gesprächsanregungen

1. Philippus ging nach Samarien und Gottes Gnade sprengte die Mauern zwischen den Juden und den Samaritern. Max Lucado fragt: „Wird Ihre Welt durch Mauern in zwei Hälften geteilt?" Welche Trennlinien dominieren Ihre Gesellschaft? Welche ungeschriebenen Abgrenzungen fördern unterschwellige Vorurteile? Wie lange besteht diese Mauer schon? Was sind ihre Wurzeln? Was hält sie aufrecht?

2. Beschreiben Sie sich selbst anhand der Kategorien, mit denen Max Lucado Philippus beschrieben hat (Hautfarbe, Heimatstadt, finanzielle Situation, Beziehungen etc.). Nun beschreiben Sie jemanden, der in dieser Hinsicht das genaue Gegenteil von Ihnen ist. Wen kennen Sie persönlich, auf den diese Beschreibung passt?

3. Wie gut gelingt es uns Christen, das zu leben, wovon Paulus in Galater 3, Verse 28 und 29 schreibt, und die Trennungen unter uns aufzuheben? Wo ist uns das gelungen? Wo haben wir versagt?

4. Wie könnten Sie einem Menschen auf der anderen Seite einer trennenden Mauer begreiflich machen, dass er oder sie Ihnen wichtig ist? Wie könnten Sie dieser Person Ihr Interesse und Ihre Anteilnahme zeigen?

Praktische Vorschläge

- Gestehen Sie sich Ihre Vorurteile ehrlich ein. Nehmen Sie sich etwas Zeit, um in aller Ruhe darüber nachzudenken. Schreiben Sie einmal die Personengruppen auf, bei denen Sie zu Vorurteilen oder Schubladendenken neigen. Beten Sie mit diesem Blatt Papier in der Hand, und bitten Sie Gott, Ihr Herz zu verändern. Zerreißen Sie anschließend die Liste, und genießen Sie die Freiheit, die ein unvoreingenommener Blick schenkt.

- Lernen Sie, andere Kulturen sensibler wahrzunehmen. Informieren Sie sich über die Gruppe, die auf der anderen Seite einer sozialen Mauer in Ihrer Nachbarschaft oder Region lebt. Essen Sie dort, wo diese Leute essen, kaufen Sie dort ein, wo sie einkaufen, und lernen Sie die Menschen kennen. Hören Sie sich ihre Lebensgeschichten an. Finden Sie heraus, was Sie gemeinsam haben. Finden Sie heraus, wo Sie sich unterscheiden, und respektieren Sie diese Unterschiede.

Kapitel 13:
Schreiben Sie niemanden ab

Gesprächsanregungen

1. Nennen Sie eine äußerst bekannte oder berühmte Persönlichkeit, von der niemand erwarten würde, dass sie zum Glauben an Jesus Christus kommt. Warum erscheint es so unwahrscheinlich, dass diese Person Christ wird?

2. Erzählen Sie von sich oder von jemandem, den Sie persönlich kennen, der sich überraschenderweise radikal für Gott entschieden hat.

3. „Hat Gott Ihnen einen Saulus ins Leben gestellt?" Kennen Sie jemanden, den die meisten Menschen schon als hoffnungslosen Fall abgetan haben? Wie könnten Sie für diesen Menschen ein Hananias sein?

4. Was sagt die Bibel hinsichtlich der Hilfe für Notleidende? Wie können Sie in diesem Bereich sensibler werden für Gottes Führungen?

5. Wie würden Sie den Augenblick beschreiben, in dem Sie sich für ein Leben mit Christus entschieden haben? War es ein plötzliches Ereignis oder ein allmählicher Prozess? Was tun Sie, um anderen zu helfen, diese Erfahrung ebenfalls zu machen?

Praktische Vorschläge

- Wenn Ihnen kein potenzieller Saulus in Ihrem Bekanntenkreis eingefallen ist, versuchen Sie doch, jemanden kennenzulernen, der solch eine Person werden könnte. Wo könnten Sie regelmäßig hingehen, um Freundschaften mit Menschen zu schließen, die weit von Gott entfernt oder sogar gegen Gott sind? Vielleicht führt Gott Sie ja an einen solchen Ort, wie er Hananias in die „Gerade Straße" schickte.

- Verabreden Sie sich mit jemandem, der kürzlich Christ geworden ist und vielleicht einen reifen Christen braucht, der ihn oder sie im Glauben begleitet. Bitten Sie diese Person zunächst ganz schlicht darum, ihre Geschichte zu erzählen, und fragen Sie sie anschließend, wie Sie ihr bei den nächsten Schritten helfen können.

Kapitel 14:
Lassen Sie das hohe Ross im Stall

Gesprächsanregungen

1. Wie sah die soziale Hackordnung in Ihrer Kindheit und Jugend aus? Und heute? Wer ist oben, wer ist unten und wo sind Sie?

2. In welchen Situationen müssen Sie sich beleidigende Bemerkungen anhören? Haben Sie sich diese unbewusst zu Herzen genommen? Wie können Sie in dieser Umgebung eine Veränderung einleiten?

3. Überlegen Sie, wann es Ihnen einmal so ähnlich erging wie Petrus (Apostelgeschichte 10). Wann empfanden Sie die Bräuche oder Verhaltensweisen einer anderen Kultur oder Rasse als unangenehm oder sogar anstößig? Wie würden Sie reagieren, wenn Gott Ihnen auftrüge, die Gewohnheiten und Gepflogenheiten anderer Menschen zu übernehmen, um sie erreichen zu können?

4. Warum sah Kornelius so gar nicht wie ein Christ aus, obwohl er Christus nachfolgte? Anhand welcher oberflächlichen Kriterien misst man heute oft Geistlichkeit?

5. Was könnten Sie tun, um einige Außenseiter-Christen in Ihr Leben einzubeziehen?

Praktische Vorschläge

- Führen Sie für die kommenden zwei Monate eine neue Regel ein: *Niemand darf allein sitzen*. Wenn Sie einen Raum betreten, dann widerstehen Sie dem Drang, sich dorthin zu setzen, wo Sie immer sitzen, oder zu Personen, mit denen Sie immer zusammensitzen. Suchen Sie zuerst den Speiseraum oder den Vorstandsraum, die Tribüne oder den Gemeindesaal, die Cafeteria oder das Theater nach jemandem ab, der allein sitzt. Und setzen Sie sich dann bewusst zu den Außenseitern. Vielleicht möchten Sie diese Regel nach zwei Monaten sogar beibehalten.

- Besuchen Sie den Gottesdienst einer Gemeinde, die vorwiegend aus Menschen besteht, die einer anderen Volksgruppe oder Kultur angehören als Sie. Passen Sie sich dieser Umgebung an – tun Sie so weit wie möglich das, was die anderen tun. Notieren Sie sich, was Sie an diesem Gottesdienst und dem Gemeindeleben bewundern. Wie fühlt es sich an, der bunte Vogel zu sein? Erleben Sie, was geschieht, wenn Sie Gott in einem anderen kulturellen Umfeld erfahren.

Kapitel 15:
Beten, beten und nochmals beten

Gesprächsanregungen

1. Wie würden Sie Moses Gebetsstil in 2. Mose 32 beschreiben? Geben Sie mit Ihren eigenen Worten wieder, wie Max Lucado das Beten seines brasilianischen Gemeindeleiters

beschrieben hat. Inwiefern unterscheiden sich Ihre Gebetszeiten von diesen Beschreibungen? Was könnten Sie tun,
um leidenschaftlicher zu beten?

2. Wie versucht Satan, Sie vom Beten abzuhalten? Welche
Gebetsstrategien können Sie dagegenhalten?

3. Welche Rolle spielt das Gebet in Ihrer Gemeinde? Was können Sie in Ihrer Gemeinde ändern, um dem Gebet mehr
Raum und Bedeutung zu geben?

4. Erzählen Sie von einer Zeit, in der Ihre Gebetszeiten „leben-
diger" schienen als heute. Was war damals anders?

5. Was könnten Sie tun, um Ihre Gebetszeiten neu zu beleben?
Welche Gebetshaltungen könnten Sie einnehmen? Welche
Sammlungen von Gebetsanliegen könnten Sie benutzen?
Welche Gebetsaktivitäten könnten Sie ausprobieren? Wel-
che Bibelverse könnten Sie als Gebete sprechen? Wer könnte
mit Ihnen zusammen beten und Sie inspirieren?

Praktische Vorschläge

- Beschäftigen Sie sich diese Woche einmal intensiv mit Jesus
  und dem Gebet. Studieren Sie dazu die in diesem Kapitel
  erwähnten Bibelverse und weitere Beispiele, in denen Jesus
  betet oder über das Beten lehrt:
  - Matthäus 5,44; 6,6–13; 14,13.23; 19,13; 21,12–13; 21,22;
    24,20
  - Markus 1,35; 6,46; 9,28–29
  - Lukas 6,12–16; 9,18–20; 18,1–8; 18,9–14; 22,39–46;
    23,33–34
  - Johannes 11,41; 17,1.9.20

- Vielleicht beten Sie ja bereits vor jeder Mahlzeit und am Tagesanfang. Aber wie wäre es, wenn Sie in dieser Woche auch noch vor jeder der folgenden Aktivitäten beten:
  - bevor Sie Ihren Wagen starten.
  - bevor Sie Sport treiben.
  - bevor Sie das tun, was Sie auf der Arbeit immer zuerst tun.
  - bevor Sie Ihren Computer einschalten.
  - bevor Sie ans Telefon gehen.
  - bevor Sie in eine Sitzung gehen.
  - bevor Sie am Ende des Tages wieder Ihr Haus bzw. Ihre Wohnung betreten.
  - bevor Sie den Fernseher einschalten.
  - bevor Sie ein Buch aufschlagen.
  - bevor Sie zu Bett gehen.
  - bevor Sie _____ .

Kapitel 16:
Der da mit der Geige, das ist Jesus

Gesprächsanregungen

1. Aus welchen ganz verschiedenen Gründen zeigen Menschen Mitgefühl?
2. Warum handeln Christen in erster Linie aus Mitgefühl?
3. Wie wird Jesus am Tag des Gerichts zwischen Gerechten und Ungerechten unterscheiden (Matthäus 25,31–46)? Warum fällt es uns so schwer, diese Verse für bare Münze zu nehmen?

4. Welche Gruppe war von der Entscheidung Jesu überrascht (Matthäus 25)? Waren es die Schafe, die Ziegen oder beide? Warum waren sie überrascht?

5. Was machen Sie heute anders als noch vor sechs Monaten, um mit Ihrem Leben Spuren zu hinterlassen?

Praktische Vorschläge

- Gehen Sie dieses Buch in den kommenden Tagen noch einmal durch, und notieren Sie sich die Bibelverse oder Zitate, die Sie am stärksten angesprochen haben. Schreiben Sie diese auf ein Blatt Papier oder auf mehrere Karteikärtchen, und stellen Sie sie so auf, dass Sie diese Wahrheiten im Blick behalten. Sie können sie auf Ihren Badezimmerspiegel kleben, auf Ihr Armaturenbrett, auf dem Schreibtisch aufstellen, ins Portemonnaie oder die Handtasche stecken oder an die Haustür kleben. Vergessen Sie die Botschaft und den Handlungsauftrag nicht, den Sie aus diesem Buch mitgenommen haben.

- Arbeiten Sie Ihren ganz persönlichen Aktionsplan aus, um mit Ihrem Leben Spuren zu hinterlassen. Finden Sie heraus, wie Ihre Gaben, Ihre Möglichkeiten und Ihre Leidenschaften am besten in Gottes Plan hineinpassen, um Ihrer Nachbarschaft, Ihrem Lebensumfeld und der Welt zu dienen. Gleichen Sie nun diese Vorlage mit Ihrem Terminkalender ab, um den Plan in die Tat umzusetzen.

Danksagungen

Hinter diesem Buch verbirgt sich ein ganzes Heer an Denkern, Strategen, Träumern und Schleifern.

Liz Heaney und Karen Hill: Zwei Lektoren, die dieses Buch und seinen Verfasser mehr als einmal vor dem Kollaps gerettet haben. Ihr habt tolle Arbeit geleistet!

Steve und Cheryl Green: Hättet ihr im vorigen Jahrhundert gelebt, dann wärt ihr bestimmt Cowboys geworden. Niemand kann so geschickt dafür sorgen, dass eine Herde auf dem rechten Weg bleibt, wie ihr.

Carol Bartley: Heißt du mit Zweitnamen „Präzision"? Danke, dass du deine Fähigkeiten auf dieses Buch „losgelassen" hast.

Mike Hyatt, Dave Moberg, Susan und Greg Ligon, Dave Schroeder und das gesamte Team von *Thomas Nelson*: Ihr setzt Maßstäbe, was Dienstbereitschaft und Qualität angeht. Paula Major, willkommen im Team!

Rich Stearns und *World Vision*: Ihr dürft *nicht aufhören*, von den Armen zu reden. Sie brauchen eure Hilfe und wir brauchen euren Weckruf.

Randy und Rozanne Frazee: Ihr beflügelt alle, die euch begegnen! Bei euch findet man beides: Weisheit und Freundlichkeit. Was bin ich froh, euer Partner zu sein!

David Drury und Greg Pruett: Ihr habt mir wunderbare Einsichten geschenkt. Ihr kennt die Apostelgeschichte nicht nur, ihr lebt sie.

David Treat: Dein unablässiges Gebet ist wie ein Schutzwall. Danke dafür, dass du mir Deckung gibst.

Das Team von *UpWords Ministry*: Für jeden Anruf und jede Frage, die ihr beantwortet – macht weiter so!

Die *Oak Hills Church*: Das Beste kommt noch!

Brett und Jenna Bishop, Andrea Lucado und Sara Lucado: Ich staune über euren Glauben und eure Reife. Wenn Stolz Kekse wären, wäre ich eine Backstube.

Und Denalyn, meine liebe, liebe Frau: Als Gott den Himmel und die Erde schuf, sahen die Engel schweigend zu. Als er dich schuf, brachen sie in Applaus aus. Ich höre sie heute noch jubeln.

Und nun zu Ihnen, den Lesern: Dieses Buch ist ein Meilenstein für mich: Seit 25 Jahren schreibe ich Bücher. Danke, dass Sie mich auf diesem Weg ermutigt haben. Und danken Sie mit mir zusammen Gott. Wir alle kennen die Wahrheit: Er ist die Quelle alles Guten. Wenn meine Worte Ihnen weitergeholfen haben, dann danken Sie ihm dafür, dass er noch immer durch Narren spricht, wie ich einer bin.

Anmerkungen

[1] UNICEF, *The State of the World's Children 2009: Maternal and Newborn Health*, www.unicef.org/sowc09/report/report.php.

[2] Food and Agriculture Organization of the United Nations, *The State of Food Insecurity in the World: Economic Crises – Impacts and Lessons Learned*, 2, ftp://ftp.fao.org/docrep/fao/012/i0876e/i0876e.pdf.

[3] UNICEF, *The State of the World's Children 2007: Women and Children; The Double Dividend of Gender Equality*, 5, www.unicef.org/sowc07/docs/sowc07.pdf.

[4] Das entspricht etwa 25.000 täglich. Anup Shah, „Today, Over 25000 Children died around the World", in: *Global Issues*, www.globalissues.org/article/715/today-over-25000-children-died-around-the-world.

[5] Peter Greer und Phil Smith, *The Poor Will Be Glad: Joining the Revolution to Lift the World out of Poverty* (Grand Rapids: Zondervan, 2009), 26.

[6] Ronald J. Sider, *Rich Christians in an Age of Hunger: Moving from Affluence to Generosity* (Nashville: Thomas Nelson, 2005), S. 10.

[7] Ebd., S. 35.

[8] UNICEF, *The State of the World's Children 2009*, S. 133.

[9] In den Vereinigten Staaten sind 76,8 Prozent der Bevölkerung Christen und 2009 betrug die Einwohnerzahl der Vereinigten Staaten etwa 307.212.000 Menschen, laut CIA, *The World Factbook*, 2009, https://www.cia.gov/library/publications/the-world-factbook/geos/us.html.

[10] UNAIDS and World Health Organization, *AIDS Epidemic Update: November 2009*, 21, http://data.unaids.org/pub/Report/2009/JC1700_Epi_Update_2009_en.pdf.

[11] „Nicholas Winton, the Power of Good", Gelman Educational Foundation, www.powerofgood.net/story.php, und Patrick D. Odum, „Gratitude That Costs Us Something", in: *Heartlight*, www.heartlight.org/cgi/simplify.cgi?20090922_gratitude.html.

[12] Hilary Le Cornu mit Joseph Shulam, *A Commentary on the Jewish Roots of Acts* (Jerusalem: Netivyah Bible Instruction Ministry, 2003), S. 144.

[13] Alfred Edersheim, *The Life and Times of Jesus the Messiah*, ungekürzte Ausgabe (Peabody, MA: Hendrickson Publishers, Inc., 1993), S. 81–82.

[14] M. Paul Lewis (Hrsg.), *Ethnologue: Languages of the World*, 16. Auflage (Dallas: SIL International, 2009), www.ethnologue.com.

[15] Wenn Sie Ihrer Einzigartigkeit auf den Grund gehen und sie entdecken möchten, empfehle ich Ihnen mein Buch *Ganz du selbst! Deinen Platz im Leben entdecken* (Holzgerlingen: Hänssler, 2006).

[16] Aus einem Telefoninterview mit Jo Anne Lyon, geführt von David Drury am 23. Juni 2009.

[17] Für eine hervorragende Kurzdarstellung von Mikrofinanzierung siehe Peter Greer und Phil Smith, *The Poor will be Glad: Joining the Revolution to Lift the World out of Poverty* (Grand Rapids: Zondervan, 2009).

[18] Sam Nunn, „Intellectual Honesty, Moral and Ethical Behavior; We Must Decide What Is Important" (Vortrag im Rahmen des Nationalen Gebetsfrühstücks, Washington, D. C., 1. Februar 1996).

[19] Statistisches Bundesamt der USA, *Poverty 2007 and 2008; American Community Surveys*, 2, www.census.gov/prod/2009pubs/acsbr08-1.pdf.

[20] Mark Nord, Margaret Andrews, Steven Carlson, *Household Food Security in the United States, 2008*, United States Department of Agriculture, iii, www.ers.usda.gov/Publications/ERR83/ERR83.pdf www.nationalservice.gov/about/newsroom/releases_detail.asp?tbl_pr_id=1579.

21 National and Community Service, „White House, USDA, National Service Agency, Launch Targeted Initiative to Address Hunger", www.nationalservice.gov/about/newsroom/releases_detail.asp?tbl_pr_id=1579.

22 UNICEF, *The State of the World's Children 2009: Maternal and Newborn Health*, www.unicef.org/sowc09/report/report.php.

23 James Strong, *New Strong's Exhaustive Concordance* (Nashville: Thomas Nelson, 1996), siehe „Compassion".

24 Bill Gates mit Mary Ann Mackin, *Showing Up for Life: Thoughts on the Gifts of a Lifetime* (New York: Broadway Books, 2009), S. 155.

25 Wikipedia, http://de.wikipedia.org/wiki/TProzentC3ProzentBCrkei.

26 *Malatya: The Story of the First Martyrs of the Modern Turkish Church*, www.malatyafilm.org.

27 CIA, *The World Factbook*, 2009, https://www.cia.gov/library/publications/the-world-factbook/index.html.

28 dcTalk/Stimme der Märtyrer, *Jesus Freaks: Berichte von Menschen, die bereit waren, für ihren Glauben bis zum Äußersten zu gehen. Sonderausgabe* (Asslar: Gerth Medien, 2009), S. 186–187.

29 Richard Stearns, *The Hole in Our Gospel* (Nashville: Thomas Nelson, 2008), S. 11.

30 Walter Bruggeman, „Isaiah and the Mission of the Church" (Predigt, Mars Hill Bible Church, Grand Rapids, MI, 13. Juli 2008).

31 United Nations Development Programme, *Human Development Report 2007/2008: Fighting Climate Change; Human Solidarity in a Divided World*, 2007, S. 25, http://hdr.undp.org/en/media/HDR_20072008_EN_Complete.pdf.

32 „Closer to the Music", U2.com, 30. Juli 2003, www.u2.com/news/article/682.

33 United Nations World Food Programme, *WFP Facts Blast, December 2009*, http://home.wfp.org/stellent/groups/public/documents/communications/wfp187701.pdf.

[34] Anup Shah, „Today, Over 25000 Children died around the World", *Global Issues*, www.globalissues.org/article/715/today-over-25000-children-died-around-the-world.

[35] Mission Gate Ministry, „Gospel of Matthew, chapter 20", www.charityadvantage.com/MissionGateMinistry/images/Matt20.doc.

[36] Rick Reilly, „There Are Some Games in Which Cheering for the Other Side Feels Better Than Winning", in: *Life of Reilly*, http://sports.espn.go.com/espnmag/story?section=magazine&id=3789373.

[37] Hilary Le Cornu mit Joseph Shulam, *A Commentary on the Jewish Roots of Acts* (Jerusalem: Netivyah Bible Instruction Ministry, 2003), S. 403.

[38] Nicht zu verwechseln mit dem Hananias aus Apostelgeschichte 5.

[39] Gavan Daws, *Holy Man: Father Damien of Molokai* (Honolulu: University of Hawaii Press, 1984).

[40] Alfred Edersheim, *The Life and Times of Jesus the Messiah,* ungekürzte Ausgabe (Peabody, MA: Hendrickson Publishers, Inc., 1993), S. 62–63.

[41] Bob Ray Sanders, „*Blossom's in the Dust* Movie Fine, but the Woman Was Amazing", in: *Fort Worth Star Telegram*, 17. November 2002, www.angelfire.com/tx5/adoptee/sanders.html.

[42] Oliver W. Price, „Needed: A Few Committed People to Pray for Revival", Bible Prayer Fellowship, www.praywithchrist.org/prayer/committed.php.

[43] R. Kent Hughes (Hrsg.), *Acts: The Church Afire* (Wheaton, IL: Crossway Books, 1996), S. 169–170.

[44] Gene Weingarten, „Pearls before Breakfast", in: *Washington Post*, 8. April 2007, www.washingtonpost.com/wp-dyn/content/article/2007/04/04/AR2007040401721.html.

[45] Frederick Dale Bruner, *The Churchbook: Matthew 13–28* (Dallas: Word Publishing, 1990), S. 918.

[46] David Aikman, *Great Souls: Six Who Changed the Century* (Nashville: Word Publishing, 1998), S. 199–221, 224.

Ermutigung
für den Alltag

„Ein wundervoller
Bildband mit brillanten
Fotos und ermutigenden
Texten."

Leserstimme

*„Schauen Sie nicht darauf, wie groß der Berg ist, der vor Ihnen
aufragt. Wenden Sie sich an den, der den Berg aus dem Weg
räumen kann."* Gedanken wie dieser ziehen sich wie ein roter
Faden durch den wunderschön gestalteten Bildband von
Max Lucado. Er enthält hoffnungsvolle und ermutigende
Texte aus verschiedenen Büchern des Bestsellerautors. Und
auch Bibelverse oder einzelne Zitate werden hier wunderbar
in Szene gesetzt. Eine Quelle der Kraft für den Alltag.

Max Lucado • Er flüstert deinen Namen
Gebunden • 112 Seiten • ISBN 978-3-95734-506-6

Zuversichtlich und gelassen leben

„Dass wir uns mal Sorgen machen, ist unvermeidlich, doch im Gefängnis der Sorge zu sitzen ist etwas, wofür wir uns selbst entscheiden."

Max Lucado

Schwierigkeiten und Sorgen – jeder ist früher oder später damit konfrontiert. Und gerade in den heutigen Zeiten haben viele das Gefühl der Sicherheit verloren. Doch es gibt ein wirksames Gegenmittel. Max Lucado lädt ein, in biblische Wahrheiten einzutauchen. Denn diese gelten auch für Sie. Führen Sie ein Leben frei von Sorgen, und vertrauen Sie vorbehaltlos dem, der die ganze Welt in der Hand hält.

Max Lucado • Keine Sorge!
Gebunden • 256 Seiten • ISBN 978-3-95734-469-4

Der Verlag weist ausdrücklich darauf hin, dass im Text enthaltene Links nur bis zum Zeitpunkt der Buchveröffentlichung eingesehen werden konnten. Auf spätere Veränderungen hat der Verlag keinerlei Einfluss. Eine Haftung des Verlags ist daher ausgeschlossen.

Die amerikanische Originalausgabe ist im Verlag
Thomas Nelson, Nashville, Tennessee erschienen
unter dem Titel „Outlive Your Life".
© 2010 by Max Lucado
© 2012 der deutschen Ausgabe Gerth Medien GmbH, Asslar

Für die Bibelzitate wurden folgende Übersetzungen verwendet:

Hoffnung für alle° entnommen, Copyright © 1983, 1996, 2002, 2015 by Biblica, Inc.°.
Verwendet mit freundlicher Genehmigung von Fontis –
Brunnen Basel. (Hfa)
Gute Nachricht Bibel, revidierte Fassung, durchgesehene Ausgabe in neuer
Rechtschreibung, © 2000 Deutsche Bibelgesellschaft Stuttgart
Luther, revidierte Fassung von 1984, durchgesehene Ausgabe in neuer
Rechtschreibung. © 1984 Deutsche Bibelgesellschaft, Stuttgart. (LÜ)
Neues Leben. Die Bibel, © der deutschen Ausgabe 2002 und 2006 SCM R.Brockhaus
in der SCM-Verlagsgruppe GmbH, Witten/Holzgerlingen (NL)
Neue Genfer Übersetzung – Neues Testament und Psalmen,
Copyright © 2011 Genfer Bibelgesellschaft. Alle Rechte vorbehalten.(NGÜ)
Willkommen daheim. © 2009 by Gerth Medien GmbH, Asslar. (WD)

1. Sonderauflage 2019
Bestell-Nr. 817567
ISBN 978-3-95734-567-7

Umschlaggestaltung: Hanni Plato
Illustration: Shutterstock
Satz: Apel Verlagsservice, Bad Fallingbostel
Druck und Verarbeitung: GGP Media GmbH, Pößneck
Printed in Germany
www.gerth.de